El gato con gramática

Yui Toyoda
Akiko Nishimura

Editorial ASAHI

PAÍSES
HISPANOHABLANTES

ISLAS CANARIAS

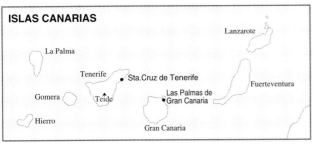

La Palma

Lanzarote

Tenerife • Sta.Cruz de Tenerife

Gomera Teide
Las Palmas de
• Gran Canaria
Fuerteventura

Hierro

Gran Canaria

ESPAÑA

Mar Cantábrico

FRANCIA

Gijón
Santander
Guernica
San Sebastián
La Coruña
Oviedo
Bilbao
Santiago
de Compostela Lugo
ASTURIAS
CANTABRIA
ANDORRA
PAÍS VASCO
Pamplona
C.Finisterre
GALICIA
El cebrero
Vitoria
NAVARRA
Jaca
Llivia
León
Logroño
Huesca
Figueras
Pontevedra
Astorga
Burgos
LA RIOJA
Gerona
Vigo
Orense
Palencia
CATALUÑA
Miño
CASTILLA-LEÓN
Zaragoza
Lérida
Barcelona
Zamora
Soria
Valladolid
Duero
Oporto
Medina del Campo
ARAGÓN
Tarragona
Douro
Segovia
Salamanca
Tortosa
Coimbra
Ávila
Guadalajara
Teruel
Menorca
PORTUGAL
Talavera de la Reina
MADRID
Alcalá de Henares
Castellón de la Plana
Mallorca
MADRID
Cuenca
Palma
Aranjuez
VALENCIA
C.da Roca
Toledo
CASTILLA-LA MANCHA
Valencia
ISLAS BALEARES
LISBOA
Tajo
Ibiza
Tejo
Cáceres
Júcar
EXTREMADURA
Alcázar de San Juan
Formentera
Mérida
Évora
Ciudad Real
Albacete
Guadiana
Segura
Alicante
Córdoba
Elche
Costa Blanca
Guadalquivir
Murcia
Jaén
MURCIA
Mar Mediterráneo
ANDALUCÍA
Cartagena
Huelva
Granada
Sevilla
Mulhacén
Almería
Málaga
Cádiz
Nerja
Costa del Sol
Algeciras
Gibraltar
Estrecho de Gibraltar
Ceuta
Océano Atlántico
ARGELIA
Melilla
MARRUECOS

ESTADOS

Tijuana
Mexicali
Ciudad Juárez
Río Grande
P.de la Baja California
Chihuahua
Monte
MÉXI
Ciud
de M
Guadalajara
Popoc
Acapulco

音声ダウンロード

 音声再生アプリ「リスニング・トレーナー」(無料)

朝日出版社開発のアプリ、「リスニング・トレーナー（リストレ）」を使えば、教科書の
音声をスマホ、タブレットに簡単にダウンロードできます。どうぞご活用ください。

まずは「リストレ」アプリをダウンロード

≫ App Store はこちら　　≫ Google Play はこちら

アプリ【リスニング・トレーナー】の使い方

① アプリを開き、「コンテンツを追加」をタップ

② QR コードをカメラで読み込む

③ QR コードが読み取れない場合は、画面上部に **55150** を入力し
「Done」をタップします

Web ストリーミング音声

https://text.asahipress.com/free/spanish/elgatocongramatica/

はじめに

　本書は、はじめてスペイン語を学ぶ方が基礎文法を満遍なく習得することを目的としています。特徴は、学習者が予習の段階で文法事項を理解しやすいように設計されていることです。その狙いは、限られた授業時間内で、問題練習、補足の説明・演習、質疑応答などを十分におこなうことにあります。

　本書は全体で 20 課、各課は 3 ページの〈文法説明〉と 1 ページの〈練習問題〉で構成されています。〈文法説明〉のパートには、適宜、文法項目ごとの〈確認問題〉も付いています。

　〈文法説明〉のパートでは、学習者の予習の便宜を図り、あえてすべての例文・問題文に日本語訳を付しました。付属の〈確認問題〉は、予習段階での文法項目ごとの理解の確認に使ってください。課末の〈練習問題〉のなかには、ディクテーション問題やすこし難しい問題も含まれています。授業内（または予習の段階）でひとつひとつ辞書を引きながら丁寧に解答していくことで、能動的に文法理解を深めてください。
　また、各課の冒頭には SNS 風の短文をいくつか載せています。予習の前と後で、それぞれの意味と使われる場面を推測してみましょう。

　最後に、本書の上梓にあたって様々な助言や示唆をいただいた先生方、音声の吹き込みで力を貸してくださった Yolanda Fernández 先生と Héctor Sierra 先生、そして万事に不慣れな私たちを最後まで温かく支えてくださった朝日出版社の山中亮子さんに、篤く御礼を申し上げます。

2023 年 8 月　著者一同

Índice

Lección 1 ··· p.2

1 アルファベット　　2 母音と子音
3 音節とアクセント　　4 あいさつ
5 数詞（0-15）

Lección 2 ··· p.6

1 名詞の性　　2 名詞の数
3 冠詞　　4 形容詞

Lección 3 ··· p.10

1 主格人称代名詞　　2 動詞 ser
3 文の組み立て　　4 所有詞　前置形

Lección 4 ··· p.14

1 動詞 estar　　2 動詞 haber（hay）
3 ser / estar / haber（hay）の使い分け　　4 縮約形 al と del
5 指示詞

Lección 5 ··· p.18

1 直説法現在形　規則活用　　2 目的語
3 疑問詞　　4 曜日
5 数詞（16-30）

Lección 6 ··· p.22

1 直説法現在形　不規則活用 I　　2 動詞 saber と conocer の使い分け
3 天気・天候の表現　　4 月と季節
5 時刻の表現

Lección 7 ··· p.26

1 直説法現在形　不規則活用 II　　2 動詞 querer の用法
3 動詞 poder と saber の使い分け　　4 前置詞

Lección 8 ··· p.30

1 直説法現在形　不規則活用 III・IV　　2 tener que ... / deber ... / hay que ... の使い分け
3 数詞（31-100）

Lección 9 ··· p.34

1 目的格人称代名詞　　2 関係代名詞 que
3 所有詞　後置形

Lección 10 ··· p.38

1 前置詞格人称代名詞　　2 動詞 gustar
3 序数詞

Lección 11 ··· p.42
1 比較級　　**2** 最上級（形容詞）
3 最上級（副詞）

Lección 12 ··· p.46
1 再帰動詞　　**2** 不定語と否定語
3 現在分詞

Lección 13 ··· p.50
1 スペイン語の「過去形」　　**2** 直説法点過去形　規則活用
3 直説法点過去形　不規則活用　　**4** 数詞（101-1 000 000）

Lección 14 ··· p.54
1 直説法線過去形　　**2** 点過去形と線過去形
3 過去分詞　　**4** 不定人称文

Lección 15 ··· p.58
1 直説法未来形　　**2** 直説法過去未来形

Lección 16 ··· p.62
1 直説法現在完了形　　**2** 直説法過去完了形
3 直説法未来完了形　　**4** 直説法過去未来完了形

Lección 17 ··· p.66
1 直説法と接続法　　**2** 接続法現在形　活用

Lección 18 ··· p.70
1 接続法現在形　用法 I：従属節で用いる　　**2** 接続法現在形　用法 II：主節で用いる

Lección 19 ··· p.74
1 命令文　　**2** 肯定命令文
3 否定命令文　　**4** 接続法現在完了形

Lección 20 ··· p.78
1 接続法過去形　　**2** 接続法過去完了形
3 条件文と仮定文

語彙リスト ··· p.82

Lección 1

Hola, ¿cómo estás?
Muy bien, ¿y tú?
Encantado. # Encantada.
¿Cómo te llamas? # Me llamo Paula.

どのハッシュタグが好き？

日本語訳

🎧1-02

1 アルファベット 🎧1-03

スペイン語には 27 の文字がある。

母音字 Vocales	子音字 Consonantes					
A a /a/ ア	B b /be/ ベ	C c /ce/ セ	D d /de/ デ			
E e /e/ エ	F f /efe/ エフェ	G g /ge/ ヘ	H h /hache/ アチェ			
I i /i/ イ	J j /jota/ ホタ	K k /ka/ カ	L l /ele/ エレ	M m /eme/ エメ	N n /ene/ エネ	Ñ ñ /eñe/ エニェ
O o /o/ オ	P p /pe/ ペ	Q q /ku/ ク	R r /ere/ エレ	S s /ese/ エセ	T t /te/ テ	
U u /u/ ウ	V v /ube/ ウベ	W w /ube doble/ ウベ ドブレ	X x /equis/ エキス	Y y /ye/ ジェ	Z z /zeta/ セタ	

A ▷ 例にならって、つづりを言ってみましょう。 🎧1-04

ej.) María ⇒ eme - a - ere - i con acento - a ※ con acento：アクセント記号を伴った

1. España（スペイン）⇒　　　　　　　　3. universidad（大学）→
2. Japón（日本）⇒　　　　　　　　　　　4. 自分の名前　⇒

2 母音と子音 🎧1-05

① 母音 … a, e, i, o, u

強母音(a, e, o)と弱母音(i, u)に分かれる。

② 子音

多くの文字はローマ字どおりに読める。異なる発音をする文字は以下のとおり。

- **c** +a, o, u：カ行　casa（家）　　　+e, i：サ行　cena（夕食）
- **g** +a, o, u：ガ行　gato（猫）　　　+e, i：ハ行　girasol（ひまわり）
  - gue：〈ゲ〉　guerra（戦争）　gui：〈ギ〉　guitarra（ギター）
- **h** 発音しない　hospital（病院）
- **j** ハ行　Japón（日本）

- **l** 舌先を上の歯茎につける〈ラ行〉 　　pelo（髪）
  - ll：ジャ行　　　ellos（彼ら）
- **ñ** ニャ行　　España（スペイン）
- **q** que：〈ケ〉　　qué（何）　　qui：〈キ〉　　química（化学）
- **r** 舌先を一度はじく〈ラ行〉　　pero（しかし）
  - 語頭の r / 語中の rr：巻舌の〈ラ行〉　　Roma（ローマ）/ perro（犬）
- **v** ローマ字の b と同じ〈バ行〉　　Venezuela（ベネズエラ）
- **y** ジャ行　　　yo（私は）
  - 語末の y / 単独の y：〈イ〉　　muy（とても）/ y（そして）
- **z** サ行　　zumo（ジュース）

③ **二重母音、三重母音、二重子音** … 続けていっきに発音する。
- 二重母音：強母音 + 弱母音 / 弱母音 + 強母音 / 弱母音 + 弱母音
  - euro（ユーロ）/ gracias（ありがとう）/ ciudad（都市）
- 三重母音：弱母音 + 強母音 + 弱母音
  - Paraguay（パラグアイ）
- 二重子音：pl, bl, fl, cl, gl, pr, br, fr, tr, dr, cr, gr
  - clase（授業）　　Madrid（マドリード）

B ▶ 音声を聴いて、以下の単語の＿にアルファベットを入れましょう。 🎧1-06

1. ami＿o （男友達）
3. ＿aponesa （日本人女性）
2. espa＿ol （スペイン語）
4. ＿apatos （靴）

3 音節とアクセント 🎧1-07

① **音節** … 単語内の各母音が作る音のまとまりのこと。
音節の分け方は以下のとおり（V：母音、C：子音）。
二重母音、三重母音はひとつの母音、二重子音はひとつの子音として数える。
- V / V ⇒ 母音と母音の間で分ける　　Co/re/a（韓国）
- V / CV ⇒ 母音間の 1 つの子音は後ろの音節へ　　Cu/ba（キューバ）
- VC / CV ⇒ 母音間の 2 つの子音は 1 つずつ前後の音節へ　　cam/po（田舎）
- VCC / CV ⇒ 母音間の 3 つの子音は、2 つを前、1 つを後ろの音節へ　　mons/truo（怪物）

② **アクセントの位置**
- アクセント記号のある語 ⇒ アクセント記号のある音節
  - japonés（日本語）⇒ ja/po/nés　　árbol（木）⇒ ár/bol
- アクセント記号がなく、〈母音あるいは n, s で終わる語 ⇒ 後ろから 2 番目の音節
  - Colombia（コロンビア）⇒ Co/lom/bia　　examen（試験）⇒ e/xa/men
- アクセント記号がなく、〈n, s 以外の子音〉で終わる語 ⇒ 1 番後ろの音節
  - español（スペイン語）⇒ es/pa/ñol　　Uruguay（ウルグアイ）⇒ U/ru/guay

c ▷ 例にならって、音節に分け、アクセントの位置に下線を引きましょう。 🎧1-08

ej.) metro（地下鉄）⇒ me/tro

1. cafetería（カフェテリア）　　　3. universidad（大学）

2. museo（美術館）　　　4. aeropuerto（空港）

4 ▶ あいさつ 🎧1-09

> 感嘆文：文全体あるいは一部を感嘆符（¡ ... !）で囲む
> 疑問文：文全体あるいは一部を疑問符（¿ ... ?）で囲む

Buenos días.	おはよう（ございます）。	※	起床から昼食まで
Buenas tardes.	こんにちは。	※	昼食から日没まで
Buenas noches.	こんばんは。おやすみなさい。	※	日没から就寝まで
¡Hola!	やあ。	※	時間帯に関係なく用いる
¿Qué tal?	調子はどう？	※	親しい相手に対して
¿Cómo estás?	調子はどう？	※	親しい相手に対して
¿Cómo está usted?	調子はいかがですか？	※	敬語を用いるべき相手に対して
Muy bien.	とても元気。		
¿Cómo te llamas?	君の名前は？		
Me llamo ...	私の名前は…です。		
Mucho gusto.	はじめまして。	※	男女ともに用いる
Encantado.	はじめまして。	※	男性が用いる
Encantada.	はじめまして。	※	女性が用いる
Gracias.	ありがとう（ございます）。		
De nada.	どういたしまして。		
Hasta luego.	またね。		
Hasta mañana.	また明日。		
Adiós.	さようなら。		

Hola. ¿Qué tal? —Muy bien, gracias. ¿Y tú? 「やあ。元気？」「とても元気だよ、ありがとう。君は？」

¿Cómo te llamas? —Me llamo Saya. Encantada. 「君の名前は？」「サヤだよ。はじめまして。」

5 ▶ 数詞（0-15） 🎧1-10

0	cero	8	ocho
1	uno	9	nueve
2	dos	10	diez
3	tres	11	once
4	cuatro	12	doce
5	cinco	13	trece
6	seis	14	catorce
7	siete	15	quince

1. スペイン語に訳しましょう。

1)「やあ、こんにちは。元気？」「とても元気だよ、ありがとう。君は？」

_____

2)「君の名前は？」「カルメン（Carmen）だよ。はじめまして。」

_____

3) さようなら、またね。

_____

2. 以下の都市の名前と気温の数字をスペイン語で発音しましょう。 🎧1-11

1) Madrid ⛅ 13℃   4) Cuzco ☃ 3℃

2) Bogotá ☁ 11℃   5) Buenos Aires ☂ 14℃

3) Córdoba ☀ 15℃

3. 以下の単語をグループに分けましょう。音声を聴いて確認してください。 🎧1-12

gracias   adiós   uno   Japón   gato   encantado   español

universidad   hola   guitarra   Corea   Paraguay   México

〈アクセント記号のある音節をつよく読むもの〉

_____

〈アクセント記号がなく、後ろから2番目の音節をつよく読むもの〉

_____

〈アクセント記号がなく、1番後ろの音節をつよく読むもの〉

_____

4. 音声を聴いて、全文を書きとりましょう。 🎧1-13

1) _____

2) _____

3) _____

Lección 2

Un día en una cafetería.
Buenos días, un chocolate por favor.
La cuenta, por favor.
Buen café, buenos libros y buena música.
Los gatos negros.

🎧1-14

1　名詞の性　🎧1-15

すべての名詞は文法上の性をもち、男性名詞と女性名詞に分かれる。

① **生物** … 生き物を指す名詞の文法上の性は、生物学的な性別と一致する。
  - 男性名詞が -o で終わる ⇒ 女性名詞は -a で終わる
      amigo（男友達）⇒ amiga（女友達）　　médico（男性医師）⇒ médica（女性医師）
  - 男性名詞が子音で終わる ⇒ 女性名詞は -a をつける
      profesor（男性教師）⇒ profesora（女性教師）
      español（スペイン人男性）⇒ española（スペイン人女性）
  - -ista, -ante で終わる名詞は男女同形
      futbolista（サッカー選手）　pianista（ピアニスト）　　estudiante（学生）
  - そのほか
      padre（父）/ madre（母）　　hombre（男のひと）/ mujer（女のひと）　　toro（雄牛）/ vaca（雌牛）

② **無生物**
  - 男性名詞 … -o で終わる名詞の多くは男性名詞。
      libro（本）diccionario（辞書）cuaderno（ノート）bolígrafo（ボールペン）periódico（新聞）
      examen（試験）pasaporte（パスポート）café（コーヒー）coche（車）tren（電車）
      ※ -a で終わる男性名詞 … día（日）mapa（地図）sofá（ソファ）problema（問題）
  - 女性名詞 … -a で終わる名詞の多くは女性名詞。
              -ción, -sión, -dad で終わる名詞も女性名詞。
      revista（雑誌）carta（手紙）mesa（テーブル）silla（椅子）pizarra（黒板）
      estación（駅）　televisión（テレビ）　universidad（大学）pared（壁）leche（牛乳）
      ※ -o で終わる女性名詞 … mano（手）foto（写真）radio（ラジオ）moto（オートバイ）

A ▷ 以下の名詞を男性名詞と女性名詞に分類しましょう。

artista, camarero, canción, cantante, enfermera, goma, lápiz, llave, médico, restaurante

  男性名詞：

  女性名詞：

2 名詞の数　🎧1-16

名詞には単数形と複数形がある。

複数形の作り方

- 母音で終わる単数形 ⇒ -s をつける

  tarjeta ⇒ tarjetas（カード）　sello ⇒ sellos（切手）　restaurante ⇒ restaurantes（レストラン）

- 子音で終わる単数形 ⇒ -es をつける

  reloj ⇒ relojes（時計）　postal ⇒ postales（絵ハガキ）ordenador ⇒ ordenadores（パソコン）

- -z で終わる単数形 ⇒ -z を -c に変えて -es をつける

  pez ⇒ peces（魚）　　lápiz ⇒ lápices（鉛筆）　　vez ⇒ veces（回）

単数形と複数形でアクセントの位置は維持される

examen ⇒ **exámenes**（試験）　※　複数形ではアクセント記号が必要（そのままでは /me/ にアクセントが置かれてしまうため）

canción ⇒ **canciones**（歌）　※　複数形ではアクセント記号は不要（そのままでも /cio/ にアクセントが置かれるため）

B▷ 単数形は複数形に、複数形は単数形にしましょう。

1. curso（コース）　_____

2. lecciones（レッスン）　_____

3. cajas（箱）　_____

4. nariz（鼻）　_____

5. orejas（耳）　_____

6. ojo（目）　_____

3 冠詞　🎧1-17

定冠詞と不定冠詞があり、名詞の性数に応じて形が変化する（これを性数変化という）。

① **定冠詞** … 「その」「例の」などの意味で用いる。

話し手と聞き手の間で特定されている名詞の前に置く。

🔍 英語の **the** に相当

	単数	複数
男性	**el** restaurante　そのレストラン	**los** restaurantes　それらのレストラン
女性	**la** casa　その家	**las** casas　それらの家

② **不定冠詞** … 単数形 un / una は「ある」「ひとつの」などの意味で用いる。

複数形 unos / unas は基本的に「いくつかの」という意味で用いる。

話し手と聞き手の間で特定されていない名詞の前に置く。

🔍 単数形は英語の **a** に相当

	単数	複数
男性	**un** restaurante　1 軒のレストラン	**unos** restaurantes　何軒かのレストラン
女性	**una** casa　1 軒の家	**unas** casas　何軒かの家

C▷ 1 〜 3 の名詞には定冠詞を、4 〜 6 の名詞には不定冠詞をつけましょう。

1. (　　　) japonés（日本人男性）

2. (　　　) mexicana（メキシコ人女性）

3. (　　　) chinos（中国人男性）

4. (　　　) deberes（宿題）

5. (　　　) maletas（スーツケース）

6. (　　　) pasaporte（パスポート）

4 形容詞 ∩1-18

形容詞は名詞を後ろから修飾したり、動詞の補語になる。(→ Lección 3)
名詞に合わせて性数変化する。

性数変化

・ 男性単数形が –o で終わる ⇒ 女性単数形は –a に変える。複数形はそれぞれ –s をつける。

	単数	複数
男性	el chico **alto**　その背の高い男の子	los chicos **altos**　それらの背の高い男の子
女性	la chica **alta**　その背の高い女の子	las chicas **altas**　それらの背の高い女の子

・ 男性単数形が –e で終わる ⇒ 男女同形。複数形はそれぞれ –s をつける。

	単数	複数
男性	el amigo **inteligente**　その頭のよい男友達	los amigos **inteligentes**　それらの頭のよい男友達
女性	la amiga **inteligente**　その頭のよい女友達	las amigas **inteligentes**　それらの頭のよい女友達

・ 男性単数形が子音で終わる ⇒ 男女同形。複数形はそれぞれ –es をつける。

	単数	複数
男性	el examen **difícil**　その難しい試験	los exámenes **difíciles**　それらの難しい試験
女性	la lengua **difícil**　その難しい言語	las lenguas **difíciles**　それらの難しい言語

> 男性単数形が子音で終わる国籍形容詞 ⇒ 女性単数形は **-a** をつける。複数形は **-es / -as** をつける
> **español** / **española** / **españoles** / **españolas**（スペインの）
> **japonés** / **japonesa** / **japoneses** / **japonesas**（日本の）

用法

・ 多くの形容詞は名詞を後ろから修飾する。
　　un enfermero amable　ひとりの親切な看護師
・ bueno（よい）/ malo（悪い）は名詞を前から修飾する。
　　男性単数名詞の前に置かれると –o が脱落する。
　　un buen coche　1台のよい車　　una buena cosa　ひとつのよいこと
　　un mal día　ある悪い日　　unas malas personas　数人の悪いひとたち
・ mucho（たくさんの）も名詞を前から修飾する。
　　mucho dinero　たくさんのお金　　※ dinero は不可算名詞なので複数形にならない
　　muchos cuadernos　たくさんのノート
・ grande（大きい）は、名詞を前から修飾すると〈抽象的な大きさ〉、後ろから修飾すると〈物理的な大きさ〉を表す。男性・女性単数名詞の前に置かれると –de が脱落する。
　　una gran mujer　ひとりの偉大な女性　　unas grandes mujeres　何人かの偉大な女性
　　una mujer grande　ひとりの大柄な女性　　unas mujeres grandes　何人かの大柄な女性

D ( ) 内の形容詞を性数変化させ、さらに全体を複数形にしましょう。

1. una abogada (inteligente:　　　　　　　　) ⇒ _____

2. el (grande:　　　　　　　) artista ⇒ _____

3. la moto (limpio:　　　　　　) ⇒ _____

4. un (bueno:　　　　　　) diccionario ⇒ _____

1. スペイン語に訳しましょう。

1) 1匹の太った (gordo) 犬 _____

2) その小さな (pequeño) オートバイ _____

3) その偉大な男性ピアニスト _____

4) 数人の若い (joven) 女子学生 _____

5) それらの清潔 (limpio) なホテル (hotel) _____

6) 数軒の白い (blanco) 家 _____

7) そのおもしろい (interesante) 本 _____

8) 数本の大きな木 (árbol) _____

9) 1人のやせた (delgado) 女性医師 _____

10) それらの易しい (fácil) 試験 _____

2. 音声を聴いて、全文を書きとりましょう。 🎧1-19

1) _____

2) _____

3) _____

3. 絵で示された形容詞をすべて探しましょう。

P	J	Z	N	U	J	O	V	E	N	O	X	X	Q
A	G	U	I	A	E	N	P	C	O	R	L	N	O
I	N	T	L	I	M	P	I	O	T	E	A	Z	U
T	I	R	A	L	I	S	P	X	Y	L	E	G	H
J	V	I	R	E	J	D	I	S	U	C	I	O	S
M	I	E	U	N	U	E	H	B	V	B	B	O	E
D	E	G	Q	O	X	L	H	N	Z	W	I	F	H
M	J	O	P	D	V	G	U	V	Z	G	J	R	S
M	O	R	E	E	A	A	X	Q	V	R	S	J	P
F	G	D	Q	Y	Q	D	E	U	V	A	K	F	M
Á	E	O	U	U	D	O	K	K	U	N	P	Y	L
K	N	Q	E	I	H	O	O	U	X	D	D	L	X
K	T	T	Ñ	J	X	B	A	J	O	E	W	Z	K
O	E	P	O	O	A	L	T	O	H	L	P	S	E

j_____   v_____

g_____   d_____

b____   a____

s_____

p_____   g_____

l_____

Lección 3

Soy estudiante de la Universidad de Salamanca.
Mi hermano es médico.
Somos mexicanas, de Guadalajara.
Mi especialidad es Literatura.
¿De dónde eres?

🎧1-20

1 主格人称代名詞

主格人称代名詞とは、主語として用いる代名詞のこと。

〈人称〉には1人称(話し手)・2人称(聞き手)・3人称(それ以外のヒト・モノ)、およびそれぞれに〈単数〉と〈複数〉がある。

1人称単数 (話し手)	**yo** 私は	1人称複数 (話し手を含む複数)	**nosotros / nosotras** 私たちは
2人称単数 (聞き手)	**tú** 君は	2人称複数 (聞き手を含む複数)	**vosotros / vosotras** 君たちは
3人称単数 (それ以外の単数のヒト・モノ)	**él / ella** 彼は / 彼女は **usted** あなたは	3人称複数 (それ以外の複数のヒト・モノ)	**ellos / ellas** 彼らは / 彼女らは **ustedes** あなた方は

nosotras / vosotras / ellas は、全員が女性の場合に用いる形。全員が男性の場合や男女が両方ともいる場合は、**nosotros / vosotros / ellos** を用いる

※ 聞き手を示す形には、tú(君は)/ vosotros / vosotras(君たちは)のほかに敬称の usted(あなたは)/ ustedes (あなた方は)がある。usted / ustedes は文法的には3人称扱い。なお、かならずしもスペイン語の tú が日本語の「君は」、usted が「あなたは」に相当するわけではありませんが、本書では便宜上、上表の訳語で統一します

※ 中南米では vosotros / vosotras は用いられず、tú の複数形は3人称複数の ustedes

A ▷ 日本語に合う主格人称代名詞を答えましょう。

1. _____ 彼は

2. _____ 私は

3. _____ 君は(親しい間柄)

4. _____ 私たちは(全員女性)

5. _____ 君たちは(男女混合。親しい間柄)

6. _____ あなた方は(初対面)

2 動詞 ser 🎧1-21

動詞 ser は、英語の be 動詞に相当する動詞のひとつ。

活用

ser			
1 人称単数	**soy**	1 人称複数	**somos**
2 人称単数	**eres**	2 人称複数	**sois**
3 人称単数	**es**	3 人称複数	**son**

用法 … 補語に名詞や形容詞をとり、主語の性質・属性を表す。主語と補語は原則として性数一致する。

Javier **es** profesor.　ハビエルは先生だ。　　※　主語：Javier(男・単)──補語：profesor(男・単)

> 動詞 **ser** を用いて職業・身分・国籍を表す場合、補語の名詞は原則として無冠詞

Javier y Guillermo **son** profesores.　ハビエルとギジェルモは先生だ。

　　※　Javier y Guillermo(男・複)──profesores(男・複)　⋯ 🔍 **y**：そして（英：**and**）

Joaquín **es** alto.　ホアキンは背が高い。　　※　Joaquín(男・単)──alto(男・単)

Ana **es** alta.　アナは背が高い。　　※　Ana(女・単)──alta(女・単)

・　イディオム〈ser de ...〉は、主語の出身・所有・材料を表す。

　　Ellos son de Barcelona, pero yo soy de Zaragoza.　⋯ 🔍 **pero**：しかし（英：**but**）

　　彼らはバルセロナの出身だが、私はサラゴサの出身だ。

　　Este coche es de Beatriz.　この車はベアトリスのものだ。　　※　este：この

　　Este vestido es de seda.　このドレスは絹でできている。

B ▷ 主語に合わせて動詞 **ser** を活用させましょう。

1. vosotras: ＿＿＿＿＿　　　3. usted: ＿＿＿＿＿　　　5. Guillermo y yo: ＿＿＿＿＿

2. yo: ＿＿＿＿＿　　　4. tú: ＿＿＿＿＿　　　6. Ana y Javier: ＿＿＿＿＿

3 文の組み立て 🎧1-22

スペイン語の文は動詞を中心に組み立てる。主語は、動詞の活用形や文脈から自明な場合には
ふつう現れない(ただし、usted / ustedes は残りやすい)。

　Carmen es médica.　カルメンは医者だ。

　Soy enfermero.　私は看護師だ。

　　　　※　動詞 ser の活用形 soy から主語 yo は自明なので、強調したい場合以外はふつう現れない

① **否定文の作り方** … 動詞の前に no を置く。

Pedro y Juan no son cocineros.　ペドロとフアンは料理人ではない。

② 疑問文の作り方
- 疑問詞のない場合 … 主語と動詞は、倒置しても倒置しなくてもよい。

    ¿Es María peruana? —Sí, es peruana. 「マリアはペルー人なの？」「うん、彼女はペルー人だよ。」

    > **sí** は返事「はい」

    ¿Fernando es futbolista? —No, no es futbolista.
    > 「フェルナンドはサッカー選手なの？」「いや、彼はサッカー選手ではないよ。」

    > ひとつめの **no** は返事「いいえ」、ふたつめの **no** は否定「〜でない」

- 疑問詞のある場合 … 疑問詞を文頭に置き、主語と動詞はつねに倒置する。
    疑問詞が前置詞を伴う場合、つねに疑問詞の前に置く。

    ¿Cómo es la hermana de Marisa? —Es muy simpática.
    > 「マリーサの姉(妹)はどんなひとなの？」「とても感じがいいよ。」

    > 🔍 **cómo**：どのように（英：**how**）

    ¿De dónde eres? —Soy de Perú. 「君はどこの出身なの？」「ペルーの出身だよ。」
    ¿De dónde es Miguel? —Es de Sevilla. 「ミゲルはどこの出身なの？」「セビーリャの出身だよ。」

    > 🔍 **dónde**：どこ（英：**where**）

4 所有詞 前置形 🎧1-23
所有詞には前置形と後置形がある。
前置形は名詞の前に置かれ、名詞に合わせて性数変化する。

1人称単数	mi　私の	1人称複数	nuestro　私たちの
2人称単数	tu　君の	2人称複数	vuestro　君たちの
3人称単数	su　彼の / 彼女の あなたの	3人称複数	su　彼らの / 彼女らの あなた方の

※ 性数変化の規則は形容詞と同じ

mi hijo 私の息子 / **mis hijos** 私の息子たち
mi hija 私の娘 / **mis hijas** 私の娘たち
nuestro hijo 私たちの息子 / **nuestros hijos** 私たちの息子たち
nuestra hija 私たちの娘 / **nuestras hijas** 私たちの娘たち

※ su は3人称の単数と複数で共通している。そのため、su / sus は文脈によってさまざまな意味になりうる

su hijo 彼の / 彼女の / あなたの / 彼らの / 彼女らの / あなた方の息子
sus hijos 彼の / 彼女の / あなたの / 彼らの / 彼女らの / あなた方の息子たち

C 日本語に合うように所有形容詞を入れましょう。

1. _____ revistas　私の雑誌
2. _____ padres　あなたのご両親
3. _____ libros　彼の本

4. _____ universidad　彼らの大学
5. _____ casa　君たちの家
6. _____ abuela　君の祖母

Práctica

1. 例にならって、以下の職業・身分に関する会話文をスペイン語に訳しましょう。

ej.)「ロラは何をやっているの？」「先生だよ。」 ¿Qué es Lola? —Es profesora.

> Q **qué**：なに（英：**what**）

1)「ダニエルのお父さん(el padre de Daniel)は何をやっているの？」「エンジニアだよ。」

_____

2)「あなたは何をやられているのですか？」「歌手です。」

_____

2. 例にならって、以下の出身に関する会話文をスペイン語に訳しましょう。

ej.)「テレーサのおじいさんはどこの出身なの？」「アルゼンチンだよ」

¿De dónde es el abuelo de Teresa? —Es de Argentina.

1)「君のお母さんはどこの出身なの？」「メキシコだよ。」

_____

2)「君たちはどこの出身なの？」「日本だよ。」

_____

3. スペイン語に訳しましょう。

1)「私は日本人(女性)です。あなたは？」「中国人(男性)です。」

_____

2)「彼女のお兄さんはどんなひとなの？」「金髪で美形だよ。」

_____

3) 私のクラスメイト(compañero)たち(男女混合)は親切だ。

_____

4. 音声を聴いて、全文を書きとりましょう。 🎧1-24

1) _____

2) _____

3) _____

Lección 4

Este es mi desayuno.
¿Qué es eso? # Es un churro.
¿Dónde estáis? # Aquí estamos.
El café colombiano es bueno.
Hay muchas maneras de tomar café.

🎧1-25

1 動詞 estar 🎧1-26

動詞 estar は英語の be 動詞に相当し、主語の状態や所在を表す。(動詞 ser → Lección 3)

活用

estar	
estoy	estamos
estás	estáis
está	están

用法

① 〈estar + 形容詞または副詞〉 … 主語の状態を表す。

La sopa ya **está** fría.　スープはもう冷めている。　※　形容詞は主語の名詞に合わせて性数変化する

¿Cómo **estáis**?　君たち、調子はどう？

—**Estamos** muy cansados.　とても疲れているよ。　※　muy：とても（副詞）

—**Estamos** bien.　元気だよ。　※　bien：よく、元気で（副詞）　※　副詞は性数変化しない

② 〈estar + 場所を表す副詞(句)〉 … 主語の所在(どこにあるか)を表す。
　　　　　　　　　　　　　　　　　　主語は特定の〈ヒト・モノ〉。

Tu perro **está** aquí.　君の犬はここにいるよ。

Ahora no **estoy** en la biblioteca.　いま私は図書館にいないよ。

A 日本語に合うように、( ) 内に動詞 **estar** を活用させて入れましょう。

1. Yo (　　　) bien.　私は元気です。

2. El restaurante no (　　　) abierto todavía.　レストランはまだ開いていない。

3. Mateo y César (　　　) ocupados.　マテオとセサルは忙しい。

4. ¿Dónde (　　　) vosotros?　君たちはどこにいるの？

5. La parada de autobús (　　　) allí.　バス停はあそこです。

2 動詞 haber (hay) 🎧1-27

英語の **there is / are ...** に相当

動詞 haber は目的語の存在（あるかないか、いくつあるか）を表す場合、つねに 3 人称単数形 hay となる。主語はなく、目的語は不特定の〈ヒト・モノ〉。

¿**Hay** una farmacia por aquí? —Sí, **hay** una cerca de la estación.

「このあたりに薬局はありますか？」「はい、駅の近くに 1 軒あります。」 ※ una (= una farmacia)

Hay muchos niños en el parque.　公園にたくさんの子どもがいる。

B ▷ 日本語に訳しましょう。

1. Mi madre está en casa. _____

2. ¿Qué hay en la nevera? _____

3. ¿Hay un hotel por aquí? _____

3 ser / estar / haber (hay) の使い分け 🎧1-28

① 〈**ser** + 形容詞〉 … 主語の性質や形状を表す。

Mis padres **son** alegres.　私の両親は陽気だ。

Sofía **es** alta.　ソフィアは背が高い。

〈**estar** + 形容詞〉 … 主語の状態や様子を表す。

Estoy libre hoy.　私は今日暇だ。

Sofía **está** contenta.　ソフィアは喜んでいる。

② 〈**estar** + 場所を表す副詞(句)〉 … 特定の〈ヒト・モノ〉を主語とし、所在を表す。

Mi gato **está** en el sofá.　私の猫はソファにいる。

〈**haber (hay)** + 場所を表す副詞(句)〉 … 不特定の〈ヒト・モノ〉を目的語とし、存在を表す。

Hay un gato en el jardín.　庭に 1 匹の猫がいる。

C ▷ 日本語に合うように、動詞 **ser / estar / haber** のうち、適切なものを入れましょう。

1. Mi madre (　　　　　) en la cocina.　私の母はキッチンにいる。

2. ¿(　　　　　) algo en la nevera?　冷蔵庫に何かあるかい？ ※ algo：何か（英 something）

3. Tu hermano (　　　　　) amable.　君の兄は親切だ。

4. No (　　　　　) aire acondicionado en mi habitación.　私の部屋にはエアコンがない。

5. El espejo (　　　　　) roto.　鏡は割れている。

4 縮約形 al と del 🎧1-29

前置詞 a / de の後ろに定冠詞 el が置かれると、a̶ ̶e̶l̶ ⇒ al / d̶e̶ ̶e̶l̶ ⇒ del と縮約される。

La entrada de la casa está <u>al</u> lado <u>del</u> garaje.　家の入口はガレージの隣にある。

※ al lado de ...: ～の隣に

D 下線部について、誤っている場合はただしく直しましょう。

1. La puerta de el armario está abierta.　クローゼットの扉が開いている。

2. El dormitorio está a el lado de la sala.　寝室は居間の隣にある。

3. El cuarto de baño está a la derecha del pasillo.　浴室は廊下の右にある。

5　指示詞 🎧1-30

① **指示形容詞**　…　名詞の前に置かれ、名詞に合わせて性数変化する。

	この / これらの		その / それらの		あの / あれらの	
	単数	複数	単数	複数	単数	複数
男性	**este**	**estos**	**ese**	**esos**	**aquel**	**aquellos**
女性	**esta**	**estas**	**esa**	**esas**	**aquella**	**aquellas**

Este reloj es de Paula.　この時計はパウラのものだ。

Aquella terraza es nueva.　あのテラスは新しい。

② **指示代名詞**　…　名詞の繰り返しを避けるために用い、指し示す名詞に合わせて性数変化する。
中性形は、男性名詞か女性名詞かが不明なものを指す場合に用いる。

	これ / これら		それ / それら		あれ / あれら	
	単数	複数	単数	複数	単数	複数
男性	**este**	**estos**	**ese**	**esos**	**aquel**	**aquellos**
女性	**esta**	**estas**	**esa**	**esas**	**aquella**	**aquellas**
中性	**esto**		**eso**		**aquello**	

Este jabón es caro, pero aquel es barato.　この石けんは高いが、あれは安い。

¿Qué es eso? —Es una lámpara.　「それは何ですか？」「電球です。」

> 中性形以外は指示
> 形容詞と同形

E 日本語に合うように、指示形容詞または指示代名詞を入れましょう。

1. _____ aire acondicionado　このエアコン

2. _____ camas　それらのベッド

3. _____ lavabo　あの洗面台

4. _____ es Hugo y _____ es Julia.　こちらはウゴ、こちらはフリアです。

5. ¿Qué es _____ ?　あれは何ですか？

6. Esta habitación es de Daniel y _____ es de María.

　　　　　　　　　　　　こちらはダニエルの、あちらはマリアの部屋です。

1. 日本語に合うように、＿＿ に動詞 **ser** または **estar** を入れ、（　）内の形容詞の性数を必要に応じて変えましょう。

1) ¿Dónde _____ tú? — _____ en el hotel. 「君はどこにいるの？」「ホテルにいるよ。」

2) ¿Cómo _____ ustedes? — _____ un poco (cansado:).
「あなた方、調子はいかがですか？」「すこし疲れています。」

3) ¿Cómo _____ María? — _____ (rubio:) y (alegre:).
「マリアはどんなひとですか？」「金髪で陽気です。」

4) Su piso _____ (pequeño:) pero _____ (limpio:).
彼のマンションは小さいけれども清潔だ。

5) ¿Quién _____ aquel chico? — _____ es el hijo del profesor y _____ es su mujer.
「あの少年はだれですか？」「あちらは先生の息子で、そちらは奥さんです。」

2. （　）内に動詞 **estar / haber** のうち、適切なものを入れましょう。

1) ¿Qué (   ) en tu barrio? — (   ) una biblioteca y un museo.

2) ¿Dónde (   ) tu colegio? — (   ) al lado de la plaza.

3) ¿(   ) vuestros padres en casa? — No, (   ) de viaje ahora.
　　　　　　　　　　　　　　　　　　　　※　de viaje：旅行中で

4) No (   ) leche en la nevera.

5) Alejandro (   ) en la iglesia.

3. スペイン語に訳しましょう。

1)「これは何ですか？」「時計です。」

＿＿＿＿＿＿＿＿＿＿＿＿＿＿＿＿＿＿＿＿＿＿＿＿＿＿＿＿＿＿＿

2) 私の家はグエル公園(el Parque Güell)の後ろにある。

＿＿＿＿＿＿＿＿＿＿＿＿＿＿＿＿＿＿＿＿＿＿＿＿＿＿＿＿＿＿＿

3) コーヒーはまだ温かい。

＿＿＿＿＿＿＿＿＿＿＿＿＿＿＿＿＿＿＿＿＿＿＿＿＿＿＿＿＿＿＿

4) この国にはいくつかの大聖堂(catedral)がある。

＿＿＿＿＿＿＿＿＿＿＿＿＿＿＿＿＿＿＿＿＿＿＿＿＿＿＿＿＿＿＿

5) 君の猫たちは窓の横にいるよ。

＿＿＿＿＿＿＿＿＿＿＿＿＿＿＿＿＿＿＿＿＿＿＿＿＿＿＿＿＿＿＿

4. 音声を聴いて、全文を書きとりましょう。 🎧1-31

1) ＿＿＿＿＿＿＿＿＿＿＿＿＿＿＿＿＿＿＿＿＿＿＿＿＿＿＿＿＿＿

2) ＿＿＿＿＿＿＿＿＿＿＿＿＿＿＿＿＿＿＿＿＿＿＿＿＿＿＿＿＿＿

3) ＿＿＿＿＿＿＿＿＿＿＿＿＿＿＿＿＿＿＿＿＿＿＿＿＿＿＿＿＿＿

Lección 5

¿Hablas español?
Vivimos en Chiba, pero trabajamos en Tokio.
Los domingos descanso y leo libros.
¿Cuántos limones compras? # ¿Cuánto es?
Aquí espero a mi novia.

🎧1-32

1 直説法現在形　規則活用　🎧1-33

動詞の不定詞（原形）は、-ar / -er / -ir のいずれかの語尾をもつ。

規則活用　…　多くの動詞は規則的に活用する。

規則活用では語尾のみが変化し、語根（語尾以外の部分）は変化しない。

① **-ar 動詞**

hablar　話す	
hablo	hablamos
hablas	habláis
habla	hablan

cantar（歌う）　cenar（夕食をとる）　desayunar（朝食をとる）
esperar（待つ）　estudiar（勉強する）　llegar（到着する）
tomar（取る）　trabajar（働く）　viajar（旅行する）
visitar（訪れる）

② **-er 動詞**

comer　食べる	
como	comemos
comes	coméis
come	comen

aprender（学ぶ）　beber（飲む）　comprender（理解する）
creer（思う）　leer（読む）　vender（売る）

③ **-ir 動詞**

vivir　住む	
vivo	vivimos
vives	vivís
vive	viven

abrir（開ける）　decidir（決める）　escribir（書く）
recibir（受けとる）

用法

① 現在の事柄（行為、状況、習慣など）を表す。

Estudiamos español.　私たちはスペイン語を勉強している。

Vivo en Madrid.　私はマドリードに住んでいる。

Normalmente Daniela toma 2 litros de agua al día.　ふだんダニエラは１日に２リットルの水を飲む。

② 確実性の高い未来の事柄を表す。

Mañana mis padres llegan a Japón.　明日、私の両親は日本に到着する。

A ▷ 以下の動詞を（　）内の主語に合わせて現在形に活用させましょう。

1. trabajar (yo) ＿＿＿＿＿＿＿

2. leer (vosotros) ＿＿＿＿＿＿＿

3. llegar (ustedes) ＿＿＿＿＿＿＿

4. subir (tú) ＿＿＿＿＿＿＿

5. aprender (ella) ＿＿＿＿＿＿＿

6. abrir (nosotras) ＿＿＿＿＿＿＿

2 目的語 🎧1-34

目的語には直接目的語と間接目的語の2種類がある。

直接目的語 … 「～を」に相当。原則として前置詞 a はつけない。

Esperamos el tren. 私たちは電車を待つ。

Esperamos a Paula. 私たちはパウラを待つ。　直接目的語が特定の人物である場合は、前置詞 **a** をつける

間接目的語 … 「～に」に相当。つねに前置詞 a をつける。

Compro esta manzana a mi madre. 私はこのリンゴを母に買う。

B ▷ （　）内に適語を入れましょう。不要な場合は × を入れてください。

1. Escribo (　) una carta (　) mi familia. 私は手紙を家族に書く。

2. ¿Visitáis (　) Paco mañana? 君たちは明日パコを訪ねるの？

3. Luis no vende (　) su coche. ルイスは車を売らない。

3 疑問詞 🎧1-35

①	何	**qué**	¿Qué es esto? これは何ですか？	🔍 what
②	誰	**quién**	¿Quién canta? 誰が歌っているの？	🔍 who
		quiénes	¿Quiénes son ellos? 彼らは誰ですか？	

quién には複数形 **quiénes** がある

③	どこ	**dónde**	¿Dónde compras pescado fresco? 君はどこで生魚を買うの？	🔍 where
④	どのように	**cómo**	¿Cómo aprendéis español? 君たちはどのようにスペイン語を学んでいるの？	🔍 how
⑤	いつ	**cuándo**	¿Cuándo abrimos el vino? (私たちは)いつワインを開けようか？	🔍 when
⑥	どれ	**cuál**	¿Cuál de aquellas chicas es tu novia? あの女の子たちのうちのどれが君の彼女なの？	🔍 which
		cuáles	¿Cuáles son vuestras bebidas? 君たちの飲み物はどれ？	

cuál には複数形 **cuáles** がある

⑦	いくらの	**cuánto / a**	¿Cuánto dinero necesitas? 君はいくらのお金を必要としているの？

🔍 **how much**

| いくつの | **cuántos / as** | ¿Cuántas naranjas compras? | 君はいくつのオレンジを買うの？ |

🔍 how many

cuánto / cuánta / cuántos / cuántas は
名詞に合わせて性数変化する

C ▷ （　）内に適切な疑問詞を入れましょう。

1) ¿(　　　　　　　) desayunamos mañana? —Desayunamos en el bar "La casa del abuelo".

2) ¿(　　　　　　　) cartas escribes? —Escribo ocho cartas.

4 曜日 🎧1-36

lunes	martes	miércoles	jueves	viernes	sábado	domingo
月曜日	火曜日	水曜日	木曜日	金曜日	土曜日	日曜日

① 〈定冠詞（**el**）+ 曜日名〉 … 「〇曜日に」　　　　曜日名はすべて男性名詞

Marta llega aquí el lunes. マルタは月曜日にここに到着する。

② 〈定冠詞（**los**）+ 曜日名（複数形）〉 … 「毎週〇曜日に」

Los viernes ceno con mis amigos. 毎週金曜日に私は友達と夕食をとる。

曜日名は **sábado** と **domingo** を除いて単複同形

Los domingos visitamos a los abuelos. 私たちは毎週日曜日に祖父母を訪ねる。

③ 曜日の尋ね方と答え方 … 動詞 ser を用いる。

¿Qué día es hoy? —Es miércoles. 「今日は何曜日ですか？」「水曜日です。」

〈**ser** +曜日〉の場合、原則として曜日には冠詞をつけない

5 数詞（**16-30**） 🎧1-37

16 dieciséis	21 veintiuno	26 veintiséis
17 diecisiete	22 veintidós	27 veintisiete
18 dieciocho	23 veintitrés	28 veintiocho
19 diecinueve	24 veinticuatro	29 veintinueve
20 veinte	25 veinticinco	30 treinta

※ 16-19 は〈dieci + 一の位〉、21-29 は〈veinti + 一の位〉という構造になっている

※ 16, 22, 23, 26 にはアクセント記号をつける（アクセントの位置を一の位に保つため）

D ▷ （　）内の数字をスペイン語でつづってください。

1) (16:　　　　　　　) años 16歳

2) (20:　　　　　　　) revistas 20冊の雑誌

3) (23:　　　　　　　) pasteles 23個のケーキ

Práctica

1. 例にならって、以下の文の動詞に下線を引き、その不定詞と主語を答えましょう。

ej.) Hablo español.　　　　　　　　　<u>hablar</u>　　<u>yo</u>

1) Esos chicos cantan muy bien.　　_____ _____

2) Mi hermano siempre cena en un bar.　_____ _____

3) No trabajamos los sábados.　　　 _____ _____

4) ¿Coméis un plátano?　　　　　　 _____ _____

5) ¿Comprendes al profesor?　　　　 _____ _____

2. 日本語に合うように、（ ）内の動詞を活用させ、___ に曜日名を入れましょう。 ∩1-38

Yo (estudiar: 　　　　　) en la universidad. La universidad (estar: 　　　　　) lejos de

casa. De _____ a _____ no (desayunar: 　　　　　) mucho, solo

(tomar: 　　　　　) un café. Después de las clases de la mañana (comer: 　　　　　) con

mis compañeros. En la clase de español, nosotros (leer: 　　　　　), (hablar: 　　　　　)

y (escribir: 　　　　　) mucho. Los _____ (visitar: 　　　　　) a mi abuela.

> 私は大学で勉強しています。大学は家から遠くにあります。月曜日から金曜日まではあまり朝食をとらず、コーヒーを飲むだけです。午前の授業の後、クラスメイトと昼食をとります。スペイン語の授業では、私たちはたくさん読み、話し、書きます。(毎週)日曜日には私は祖母を訪ねます。

3. 下線部を尋ねる疑問文を作りましょう。

1) Carlos vende su coche a Isabel.　_____

2) Carlos vende su coche a Isabel.　_____

3) Trabajamos en un hospital.　　　 _____

4) Llego a Cancún mañana.　　　　 _____

5) Mis hijos cantan muy bien.　　　 _____

4. 音声を聴いて、全文を書きとりましょう。 ∩1-39

1) _____

2) _____

3) _____

Lección 6

\# Sé que Andorra es un país.
\# ¿Conoces Pamplona?
\# En Japón hace calor y llueve mucho en junio.
\# ¿Qué hora es ahora? \# Son las tres en punto.
\# ¿A qué hora salís?
\# Salimos a la una y media.

🎧1-40

---

1 直説法現在形　不規則活用 I　🎧1-41

☆　現在形の不規則活用のタイプ　…　I　　1 人称単数形のみ不規則
　　　　　　　　　　　　　　　　　　　II　　語根母音変化型（→ Lección 7）
　　　　　　　　　　　　　　　　　　　III　　I と II の複合型（→ Lección 8）
　　　　　　　　　　　　　　　　　　　IV　　完全不規則（→ Lección 8）

I　1 人称単数形のみ不規則

hacer　する、作る		salir　出る、出かける	
hago	hacemos	**salgo**	salimos
haces	hacéis	sales	salís
hace	hacen	sale	salen

poner（置く）　　　**pongo**, pones, pone, ponemos ponéis, ponen
traer（持ってくる）　**traigo**, traes, trae, traemos, traéis, traen
saber（知る）　　　**sé**, sabes, sabe, sabemos, sabéis, saben
conocer（知る）　　**conozco**, conoces, conoce, conocemos, conocéis, conocen
dar（与える）　　　**doy**, das, da, damos, dais, dan
ver（見る、会う）　**veo**, ves, ve, vemos, veis, ven

dar / ver は、2 人称複数形で
アクセント記号が脱落する

¿Qué **haces** este fin de semana?　—**Veo** a Blanca para cenar juntos.
　　「君は今週末、何をするの？」「ブランカに会っていっしょに夕食をとるよ」　　※　para：〜のため（英：for）
Hoy **hago** un pastel de chocolate.　今日、私はチョコレートケーキを作る。
¿Por qué no **pones** esta silla en tu habitación?　—¡Buena idea!
　　「この椅子を君の部屋に置いてはどうかな？」「いい考えだね！」　　※　¿Por qué no ...?：〜してはどうかな？
A veces **traigo** a mis hijos aquí.　ときどき私はここに子どもたちを連れてくる。
Siempre **salgo** de casa temprano.　いつも私は早くに家を出る。
Mañana **doy** estas galletas a mi nieta.　明日、私はこれらのクッキーを孫にあげる。

2 動詞 **saber** と **conocer** の使い分け 🎧1-42

動詞 saber / conocer はいずれも「知る、知っている」と訳せるが、使い分けがある。
- saber … 知識・情報をもっている
- conocer … （場所やヒトを）体験・見聞をとおして知っている

¿**Sabes** el nombre de mi hermana? —Sí, por supuesto.
「君は私の姉の名前を知っているかい？」「うん、もちろん。」

Sé que el señor López habla japonés. 私はロペスさんが日本語を話せることを知っている。

接続詞 **que**：〜ということ（英：**that**）

No **sabemos** si este horno funciona bien. 私たちはこのオーブンがうまく動くのかわからない。

接続詞 **si**：〜かどうか（英：**if**）

¿**Sabéis** dónde está el comedor? 君たちはどこに食堂があるのかを知っているかい？

疑問詞のある疑問文は、そのまま動詞の目的語になることが可能

Conozco muy bien a Elena. 私はエレーナのことをとてもよく知っている。
Conocemos Lima. 私たちはリマに行ったことがある。

conocer は場所を直接目的語にとると、「〜に行ったことがある」という経験を表すこともある

A ▶ 日本語に合うように、（　）内に動詞 **saber / conocer** のうち、適切なものを入れましょう。

1. Mis padres no (　　　　) a mi novio. 私の両親は私の彼氏のことを知っている。
2. Bernardo (　　　　) francés, pero no (　　　　) Francia.
ベルナルドはフランス語を知っているが、フランスに行ったことはない。

3 天気・天候の表現 🎧1-43

天気・天候の表現にはそれぞれに決まった言い方がある。
いずれも主語はなく、動詞はつねに 3 人称単数形。

① 〈**hacer** + 名詞〉

¿Qué tiempo hace? どんな天気ですか？
Hace buen tiempo. よい天気です。 　　　Hace calor. 暑いです。
Hace mal tiempo. 悪い天気です。 　　　Hace mucho calor. とても暑いです。
Hace sol. 晴れています。 　　　Hace frío. 寒いです。
Hace viento. 風が吹いています。 　　　Hace mucho frío. とても寒いです。

この **calor / frío** は男性名詞「暑さ / 寒さ」。程度の大きさを表す場合は、形容詞 **mucho** を用いる

② 〈**estar** + 形容詞〉

Está despejado. 晴れています。 　　　Está nublado. 曇っています。

③ 専用の動詞を用いる。

Llueve. 雨が降っています。 　　　Nieva. 雪が降っています。

これらは動詞 **llover**（雨が降る）/ **nevar**（雪が降る）の 3 人称単数形（→ **Lección 7**）

1月 **enero**	5月 **mayo**	9月 **septiembre**	春 **primavera**
2月 **febrero**	6月 **junio**	10月 **octubre**	夏 **verano**
3月 **marzo**	7月 **julio**	11月 **noviembre**	秋 **otoño**
4月 **abril**	8月 **agosto**	12月 **diciembre**	冬 **invierno**

B ( ) 内の語句のうち、適切なものを〇で囲みましょう。

1. En Argentina hace (calor / frío) en enero.

2. En Niigata (llueve / nieva) mucho en invierno.　　※　副詞 mucho：たくさん（動詞を後ろから修飾）

3. ¿Qué tiempo hace? —(Está / Hace) nublado y (está / hace) mucho viento.

5 時刻の表現 🎧1-45

時刻は、数詞に定冠詞の女性形をつけて la una（1 時）、las dos（2 時）、las tres（3 時）など
と表す。

① **時刻の尋ね方と答え方** … 動詞 ser を用いる。

¿Qué hora es?　何時ですか？

——Es la una.　1 時です。　　※　1 時を表す場合、動詞 ser は 3 人称単数形。

——Son las dos.　2 時です。　　※　2 時以降を表す場合、動詞 ser は 3 人称複数形。

——Son las seis en punto.　6 時ちょうどです。　　※　en punto：ちょうど

・　「分」まで表す場合は、〈y 数字〉あるいは〈menos 数字〉と続ける。

Son las tres y diez.　3 時 10 分です。

Son las tres menos diez.　3 時 10 分前です（⇒ 2 時 50 分です）。

> 30 分を超える場合は **menos** を用いて「〇〇分前」と表現する

・　30 分は media、15 分は cuarto を用いる。

Es la una y media.　1 時 30 分です。

Son las cuatro y cuarto.　4 時 15 分です。

Son las seis menos cuarto de la mañana.　朝の 6 時 15 分前です（⇒ 5 時 45 分です）。

※　de la mañana：朝の、午前の

② **何かをおこなう時刻の尋ね方と答え方** … 前置詞 a を用いる。

¿A qué hora llegas a casa normalmente?　君はふだん何時に家に着くの？

——Llego a las diez de la noche.　夜の 10 時に着くよ。　　※　de la noche：夜の

1. 日本語に合うように、（　）内に適切な動詞を入れましょう。

1) Hoy (　　　　　　　　　) muy buen tiempo. ¿(　　　　　　　　　) un paseo por el parque?

今日はとてもよい天気だね。(私たちは)公園を散歩しようか？

※　dar un paseo por ... : ～を散歩する

2) En este barrio (　　　　　　　　) un restaurante italiano muy famoso.

この地区なら、私はとても有名なイタリアン・レストランを知っているよ。

3) Siempre (　　　　　　　) los deberes antes de cenar.

私はいつも夕食をとる前に宿題をする。　　※　antes de 不定詞：～する前に

4) ¿Con quién (　　　　　　　) esta noche? —(　　　　　　　) con mis compañeros.

「君は今晩誰と出かけるの？」「クラスメイトと出かけるよ。」　　※　con：～と（英：with）

5) ¿A quién (　　　　　　　) usted mañana? —(　　　　　　　) a la señora Ramírez.

「あなたは明日誰に会うのですか？」「ラミーレスさんに会います。」

2. スペイン語に訳しましょう。

1) 私はあさって(pasado mañana)セシリア(Cecilia)にプレゼントをあげる。

_____

2) 「何時ですか？」「午後の(de la tarde)3 時 45 分です。」

_____

3) 私はスペインに行ったことがない。

_____

4) 「君は明日雪が降ることを知っているかい？」「うん、もちろん。」

_____

5) 「(私たちは)何をしようか？」「まず(primero)宿題をしよう。」

_____

3. 音声を聴いて、全文を書きとりましょう。　🎧1-46

1) _____

2) _____

3) _____

Lección 7

Quiero comer con palillos.
¿A qué hora cierran los bancos?
¡No entiendo nada! # ¿Puedes repetir?
¿Jugamos al videojuego?
Siempre duermo bien.

🎧1-47

---

1 直説法現在形　不規則活用 II 🎧1-48

II 語根母音変化型 … 語尾が規則的に変化するのと同時に、1人称複数形と2人称複数形以外で語根の母音も変化する。

・ e → ie 型

empezar	始める	querer	欲する	sentir	感じる
empiezo	empezamos	quiero	queremos	siento	sentimos
empiezas	empezáis	quieres	queréis	sientes	sentís
empieza	empiezan	quiere	quieren	siente	sienten

cerrar（閉める）　　　cierro, cierras, cierra, cerramos, cerráis, cierran
pensar（考える）　　　pienso, piensas, piensa, pensamos, pensáis, piensan
nevar（雪が降る）　　　----, ----, nieva, ----, ----, ----
entender（理解する）　entiendo, entiendes, entiende, entendemos, entendéis, entienden

・ o → ue 型

encontrar	見つける	poder	～できる	dormir	眠る
encuentro	encontramos	puedo	podemos	duermo	dormimos
encuentras	encontráis	puedes	podéis	duermes	dormís
encuentra	encuentran	puede	pueden	duerme	duermen

costar（[費用が]かかる）　----, ----, cuesta, ----, ----, cuestan

※ 動詞 costar は原則としてモノ・コトを主語にとり、3人称で活用する

volver（戻る）　　　vuelvo, vuelves, vuelve, volvemos, volvéis, vuelven
llover（雨が降る）　　----, ----, llueve, ----, ----, ----

・ e → i 型　　※ e → i 型に属するのは -ir 動詞のみ

pedir	求める	servir	役に立つ	repetir	繰り返す
pido	pedimos	sirvo	servimos	repito	repetimos
pides	pedís	sirves	servís	repites	repetís
pide	piden	sirve	sirven	repite	repiten

- **u → ue 型**　※　jugar のみ

　　jugar（プレーする）　jueg**o**, jueg**as**, jueg**a**, jug**amos**, jug**áis**, jueg**an**

¿A qué hora **empieza** la clase?　授業は何時に始まるの？

Los niños **duermen** bien.　子どもたちはよく眠る。

Pido un café después de comer.　私は食事をとった後にコーヒーを頼む。

※　después de 不定詞：〜した後に

Raúl **juega** al fútbol muy bien.　ラウルはサッカーをとても上手にプレーする。

※　jugar a 定冠詞 + 競技名：〜をプレーする

A▷ 以下の動詞を（　）内の主語に合わせて現在形に活用させましょう。

1. volver (ellos) _____
2. cerrar (usted) _____
3. servir (yo) _____
4. jugar (tú) _____
5. dormir (vosotros) _____
6. entender (ella) _____

2　動詞 **querer** の用法　🎧1-49

① 〈**querer** + モノ〉… 「〜を欲する」

Quiero una bicicleta nueva.　私は新しい自転車が欲しい。

② 〈**querer** + ヒト〉… 「〜を愛する」

Guillermo **quiere** a Catalina.　ギジェルモはカタリーナを愛している。

③ 〈**querer** + 不定詞〉… 「〜したい」

Queremos escuchar música por Internet.　私たちはインターネットで音楽を聴きたい　※　por：〜で

3　動詞 **poder** と **saber** の使い分け　🎧1-50

① 〈**poder** + 不定詞〉… 「（状況的に）〜できる」

Los domingos mi padre no trabaja, así que **puede** leer periódicos tranquilamente.

日曜日は私の父は働かないので、落ち着いて新聞を読むことができる。

※　así que ...：だから〜（結果を表す）

- 動詞 poder は許可・依頼・禁止なども表す

　　¿**Puedo** usar el móvil aquí?　（私は）ここで携帯電話を使っても構いませんか？（許可）

　　¿**Puedes** poner la mesa?　（君は）食卓を準備してくれる？（依頼）　※　poner la mesa：食卓を準備する

　　No **podéis** ver la tele mientras coméis.　（君たちは）食事している間はテレビを観てはいけないよ。（禁止）

※　tele = televisión　※　mientras：〜する間（英：while）

② 〈**saber** + 不定詞〉… 「（技能的に）〜できる」

Sé cocinar bien.　私はうまく料理することができる（⇒ 私は料理が上手い）。

B▷ 日本語に合うように、（　）内に動詞 **querer / poder** のうち、適切なものを入れましょう。

1. ¿(　　　　　) usted viajar a España este verano?　この夏、あなたはスペインに旅行したいですか？

2. Estos días no (　　　　　) dormir bien.　最近、私はよく眠れない。

3. (　　　　　) mucho a nuestros abuelos.　私たちは祖父母をとても愛している。

4. Los niños (　　　　　) un helado de limón.　子どもたちはレモンアイスが欲しい。

5. ¿(　　　　　) entrar ahora?　（私たちは）いま入っても構いませんか？

4 前置詞 🎧 1-51

① **a** ⟵ 🔍 **to / at**

- 目的地 Viajo a Estados Unidos. 私はアメリカ合衆国に旅行する。
- 時点 Mis padres vuelven a las nueve. 私の両親は9時に戻ります。
- 直接目的語（特定のヒト） Esperamos a Luis. 私たちはルイスを待っている。
- 間接目的語 María enseña español a los niños. マリアは子どもたちにスペイン語を教えている。

② **de** ⟵ 🔍 **of / from**

- 主題 Asistimos a la clase de español. 私たちはスペイン語の授業に出席する。
- 出身 / 産地 Somos de Japón. / Este vino es de Francia.
  私たちは日本の出身です。 / このワインはフランス産です。
- 材料 El vaso es de cristal. そのコップはガラスでできている。
- 所有 Esta cuchara es de Enrique. このスプーンはエンリケのものです。
- 起点 Corremos de la estación al parque. 私たちは駅から公園まで走る。

③ **en** ⟵ 🔍 **in / on**

- 場所 Vivo en Bogotá. 私はボゴタに住んでいる。
- 時 ¿Esquiáis en invierno? 君たちは冬にスキーをするかい？
- 手段（言語） Siempre hablamos en inglés. 私たちはいつも英語で話す。
- 手段（乗り物） Voy a la universidad en bicicleta. 私は自転車で大学に行く。

④ **con** ⟵ 🔍 **with**

- 付随 Quiero estudiar con mis compañeros. 私はクラスメイトといっしょに勉強したい。
- 手段（道具） ¿Puedes cerrar la puerta con la llave? （君は）ドアを鍵で閉めてくれるかな？

⑤ **sin** ⟵ 🔍 **without**

- 欠如 Queremos tomar agua mineral sin gas. 私たちは炭酸なしのミネラルウォーターを飲みたい。

⑥ **para** ⟵ 🔍 **for**

- 目的 Pilar trabaja para comprar un coche nuevo. ピラールは新車を買うために働いている。

⑦ **por** ⟵ 🔍 **for**

- 理由 No puedo salir de casa por la lluvia. 私は雨のせいで家から出かけられない。

C ▷ 日本語に合うように、適切な前置詞を○で囲みましょう。

1. Quiero tomar un café (de / con / por) leche. 私はカフェラテを飲みたい。
2. Estas gafas son (por / a / de) Jorge. このメガネはホルヘのものだ。
3. Siempre visito (a / en) mis padres (en / por) agosto. 私はいつも8月に両親を訪ねる。

Práctica

1. （　）内の動詞を適切な現在形に活用させましょう。

1) Yo (saber:　　　) conducir, pero ahora no (poder:　　　) porque estoy borracho.

※　estar borracho：酔っぱらっている

2) La primera clase (empezar:　　　) muy temprano, así que a veces yo (llegar:　　) tarde.

※　a veces：ときどき

3) ¿(Poder:　　　) tú cocinar hoy?

　—Lo siento, no (poder:　　　). (Estar:　　　) muy ocupado.

4) ¿Qué (pedir:　　　) usted? —(Pedir:　　　) un chocolate con churros.

5) ¿A qué hora (cerrar:　　　) los bancos?

2. 日本語に合うように、（　）内に数詞または前置詞を入れましょう。不要な場合は×を入れてください。　🎧1-52

Hola, mi amor:

¿Qué tal? Ya estoy (　　　) Madrid. Aquí hace muy buen tiempo. Mañana visito (　　　) la universidad y hablo (　　) la directora. Las clases empiezan (　　) el próximo lunes (　　) las nueve. El piso está un poco lejos (　　　) la universidad, así que no puedo ir a pie, voy (　　) tren o quiero comprar una bicicleta. Te llamo este sábado, ¿vale?

Un beso, Maribel

※　ya：もう　　※　ir：行く　　※　a pie：徒歩で
※　voy：私は行く（動詞 ir の 1 人称単数形 → Lección 8）

> （恋人に宛てて）元気？私はもうマドリードにいるよ。ここはとてもよい天気。明日、大学を訪問して理事長と話すわ。授業は今度の月曜日、9 時に始まるよ。マンションは大学からすこし遠いから歩いては行けなくて、電車で行くわ。それか自転車を買いたいな。今週の土曜日に電話するね、いい？　マリベル

3. 日本語に合うように、（　）内の語を並びかえて文を作りましょう。斜字体の動詞は必要に応じて活用させてください。

1) 私はこのクロワッサンを朝食用に買いたい。

(comprar, el desayuno, este cruasán, para, *querer*)

_____ .

2) いつも私の父はコーヒーに砂糖を入れずに飲む。

(azúcar, café, mi padre, sin, *tomar*)

Siempre _____ .

3) 彼らは電車で旅行しようと考えている。　　※　pensar + 不定詞：〜しようと考える

(ellos, en, *pensar*, tren, viajar)

_____

4. 音声を聴いて、全文を書きとりましょう。　🎧1-53

1) _____

2) _____

3) _____

Lección 8

El sueño de la razón produce monstruos.
El hombre duerme en la mesa.
Vuelan los búhos y murciélagos.
No hay que dejar de pensar.

フランシスコ・デ・ゴヤ《理性の眠りは怪物を生む》（部分）

1797-99 年　プラド美術館　　🎧1-54

---

1 ▶ 直説法現在形　不規則活用 III・IV　🎧1-55

III　＜1人称単数形のみ不規則＞と＜語根母音変化型＞の複合型

tener 持つ	
tengo	tenemos
tienes	tenéis
tiene	tienen

venir 来る	
vengo	venimos
vienes	venís
viene	vienen

decir 言う	
digo	decimos
dices	decís
dice	dicen

¿**Tiene** usted hermanos? —Sí, **tengo** dos hermanas.
「あなたには兄弟がいますか？」「はい、姉妹が2人います。」

Hugo **tiene** el pelo largo y los ojos verdes.　ウゴは長髪で緑色の目をしている。

Tengo sed.　私は喉が渇いている。

¿Cuántos años **tienes**? —**Tengo** veinte años.　「君は何歳なの？」「20歳だよ。」

「喉の渇き（**sed**）を持っている」
「20歳（**veinte años**）を持っている」という言い方をする

¿A qué hora **viene** la señora García? —**Viene** a las nueve y media.
「ガルシアさんは何時に来ますか？」「9時半に来ます。」

Fernando **dice** que mañana **viene** Isabel.　フェルナンドは、明日イサベルが来ると言っている。

IV　完全不規則

ir（行く）　　　voy, vas, va, vamos, vais, van
oír（聞こえる）oigo, oyes, oye, oímos, oís, oyen

🔍 **oír**（聞こえる）は英語の **hear**
　　escuchar（聴く）は英語の **listen**

¿A dónde **vais**? —**Vamos** a la estación.　「君たちはどこへ行くの？」「駅へ行くよ。」

30　treinta

・〈 **ir a** 不定詞 〉…「するだろう、～するつもりだ」

Este mes voy a estudiar mucho.　今月、私はたくさん勉強するつもりだ。

El pronóstico dice que va a hacer buen tiempo mañana.
天気予報は、明日はよい天気になるだろうと言っている。

Esta tarde vamos a pasear por el parque. ¿Vienes con nosotros?
今日の午後、私たちは公園を散歩するつもりだ。私たちといっしょに来るかい？

・〈 **vamos a** 不定詞 〉は「(私たちは)～しよう」という意味でも用いる

Tengo mucha hambre. ¡Vamos a comer!
私はとてもおなかが空いている。(私たちは)食事をとろう！

Oigo un ruido en el cuarto de baño.　(私は)浴室で物音が聞こえる。

A ▷ 以下の動詞を (　) 内の主語に合わせて現在形に活用させましょう。

1. tener (ustedes) ＿＿＿＿＿＿＿＿

2. venir (nosotros) ＿＿＿＿＿＿＿＿

3. decir (vosotras) ＿＿＿＿＿＿＿＿

4. ir (usted) ＿＿＿＿＿＿＿＿

5. oír (yo) ＿＿＿＿＿＿＿＿

6. venir (tú) ＿＿＿＿＿＿＿＿

7. ir (ellas) ＿＿＿＿＿＿＿＿

8. decir (él) ＿＿＿＿＿＿＿＿

9. oír (tú) ＿＿＿＿＿＿＿＿

10. tener (yo) ＿＿＿＿＿＿＿＿

2　**tener que ... / deber ... / hay que ...** の使い分け　🎧1-56
動詞(句)tener que ... / deber ... / hay que ... は、不定詞を従えて〈義務〉や〈必要性〉を表す。

tener que 不定詞	肯定 ⇒ ～しなくてはならない	
	否定 ⇒ ～しなくてもよい〈不必要〉	
deber 不定詞	肯定 ⇒ ～すべきである	
	否定 ⇒ ～してはならない〈禁止〉	
hay que 不定詞	肯定 ⇒ ～しなくてはならない	主語は不特定
	否定 ⇒ ～してはならない〈禁止〉 　　　～しなくてもよい〈不必要〉	(⇒ 一般的な義務・必要性を表す)

Tienes que estudiar más.　君はもっと勉強しなくてはならない。　※　más：もっと(英：more)

Hoy no tengo que hacer la compra.　今日、私は買い物をしなくてもよい。

Los ciudadanos deben obedecer las leyes.　国民は法律を守るべきである。

Los menores no deben beber ni fumar.　未成年者は飲酒も喫煙もしてはならない。※ ni：～も…ない(英：nor)

Hay que trabajar para vivir.　生きるためには働かなくてはならない。(一般論)

No hay que correr en el aula.　教室では走ってはならない。(一般論)

No hay que llegar a tiempo.　時間どおりに着かなくてもよい。(一般論)

B ▷ 日本語に合うように、（ ）内に **deber / haber / ir / tener / venir** の不定詞または活用形を入れましょう。

1. (   ) calor.   私は暑い。

2. (   ) a (   ) al cine esta noche.   今晩、私たちは映画館に行くつもりだ。

3. El señor Alonso siempre (   ) a la oficina en tren.

   アロンソさんはいつも電車でオフィスに来る。

4. No (   ) que entrar ni salir por aquí.   ここから出入りしてはならない。   ※ por：〜を通って

5. Blanca (   ) hablar más despacio.   ブランカはもっとゆっくり話すべきだ。

3 ▶ 数詞（31-100） 🎧1-57

30 から 99 までの数は、十の位と一の位を足し算するかたちで表す。100 は cien 。

30 treinta	**40 cuarenta**
31 treinta y uno	**50 cincuenta**
32 treinta y dos	**60 sesenta**
:	**70 setenta**
39 treinta y nueve	**80 ochenta**
	90 noventa
	100 cien

一の位が **uno** で終わる数：

男性名詞の前では ~~uno~~ ⇒ **un**

   cincuenta y un libros 51 冊の本

   veintiún chicos 21 人の男の子

   （21 の場合、アクセント記号が必要）

女性名詞の前では ~~uno~~ ⇒ **una**

   ochenta y una flores 81 本の花

   veintiuna chicas 21 人の女の子

C ▷ （ ）内の数字をスペイン語でつづりましょう。

1. (99:   ) islas   99 の島

2. (41:   ) habitaciones   41 の部屋

3. En esta sala hay (60:   ) ordenadores.   この部屋には 60 台のパソコンがある。

4. El español se habla oficialmente en (21:   ) países.

   スペイン語は 21 の国で公用語として話されている。   ※ se habla：話される（→ Lección 12）

5. Mi padre tiene (55:   ) años.   私の父は 55 歳です。

1. （　）内の動詞を適切な現在形に活用させましょう。

1) ¿(Tener:　　　　) usted un bolígrafo?

2) Ya (venir:　　　　) el tren.　　4) Nuestros abuelos (oír:　　　　) la radio a veces.

3) (Ir:　　　　) a hacer calor hoy.　　5) ¿Por qué (decir:　　　　) tú eso?

2. （　）内の語を並びかえて文を作りましょう。

1) (de, el, estudiar, examen, noche, para, que, tenemos)

Esta _____ mañana.

2) (a, ayudar, debes, madre, más, tu)

_____ .

3) (a, ir, la, que, tienes, universidad)

¿ _____ hoy?

3. スペイン語に訳しましょう。

1) 私たちはアントニア（Antonia）を待たなければならない。

_____

2) 「君のお兄さんは何歳なの？」「25歳だよ。」

_____

3) 「君はどこへ行くの？」「図書館へ行くよ。」

_____

4) 信号は守らなくてはならない（respetar）。（一般論）

_____

5) 乾杯しましょう！

_____

4. 音声を聴いて、全文を書きとりましょう。　∩1-58

1) _____ .

2) _____ .

3) _____ .

Lección 9

Te amo para siempre.
¿Me entiendes? #Sí, te entiendo.
Para hacer una reserva puede llamarnos o enviarnos un mensaje.
La ciudad que queremos.
El futuro es nuestro.

🎧1-59

---

1 目的格人称代名詞　🎧1-60

目的格人称代名詞とは、動詞の目的語として用いる代名詞のこと。

直接目的格人称代名詞(〜を)と間接目的格人称代名詞(〜に)の2種類がある。

直接目的格人称代名詞			
me　私を		**nos**　私たちを	
te　君を		**os**　君たちを	
lo 彼を / あなた(男)を それ(男性名詞)を	**la** 彼女を / あなた(女)を それ(女性名詞)を	**los** 彼らを / あなた方を それらを	**las** 彼女らを / あなた方(女)を それら(女性名詞)を

3人称単数形 **lo / la** は、指示対象が男性名詞か女性名詞かで使い分ける。〈ヒト・モノ〉の区別はない

3人称複数形 **los / las** も同様。指示対象に男性と女性が両方とも存在する場合は、男性形 **los** を用いる

間接目的格人称代名詞	
me　私に	**nos**　私たちに
te　君に	**os**　君たちに
le　彼に / 彼女に / あなたに	**les**　彼らに / 彼女らに / あなた方に

・　目的格人称代名詞は、活用している動詞の前に置く。

　　Espero el autobús aquí.　私はここでバスを待つ。

　　　⇒ Lo espero aquí.　私はここでそれを待つ。　　※　直接目的語 el autobús(3人称単数・男性)⇒ lo

・　直接目的格人称代名詞と間接目的格人称代名詞の語順は、つねに〈間接 + 直接〉。

　　Mañana Cristina me regala una falda roja.

　　　　　　　　　　　明日、クリスティーナは私に赤いスカートをプレゼントしてくれる。

　　　⇒ Mañana Cristina me la regala.　明日、クリスティーナは私にそれをプレゼントしてくれる。

　　　　　　　　　　　※　直接目的語 una falda roja(3人称単数・女性)⇒ la

- 直接目的格人称代名詞と間接目的格人称代名詞がともに 3 人称である場合は、間接目的格人称代名詞 (le / les)が se に変化して〈se + lo / la / los / las〉になる。

  Mañana Cristina le regala una falda roja.　明日、クリスティーナは彼女に赤いスカートをプレゼントする。

  ⇒ Mañana Cristina se la regala.　明日、クリスティーナは彼女にそれをプレゼントする。

  （× Mañana Cristina le la regala.）

- 直接目的格人称代名詞の 3 人称単数・男性形 lo は、前文の内容を受けることも可能。

  ¿Sabes que Rafael tiene novia? —No, no lo sé.

  「君は、ラファエルに彼女がいることを知っているかい？」「いや、（私はそれを）知らないよ。」

- 不定詞には目的格人称代名詞を後ろにつなげることも可能。

  Quiero comprar aquella cartera negra.　私はあの黒い財布を買いたい。

  ⇒ La quiero comprar. / Quiero comprarla.　私はそれを買いたい。

A▶ 下線部を代名詞に変え、文全体を書きあらためましょう。

1. Esperamos a María y a Isabel en la estación.　私たちはマリアとイサベルを駅で待ちます。

_____

2. Mariana acaba de limpiar los platos.　マリアナは皿を洗い終えたところです。

　　　　　　　　　　　　　　　　　　　　※　acabar de 不定詞：〜したばかりだ

_____

3. ¿Puedes prestarme el diccionario?　（君は）私に辞書を貸してくれるかい？

_____

2　**関係代名詞 que**　🎧1-61

関係代名詞 que は、名詞(先行詞)とそれを修飾する節(関係節)をつなぐ。

先行詞は〈ヒト〉でも〈モノ〉でもよい。

🔍 英語の関係代名詞 **that** に相当

Tengo un hermano.　/　Él vive en un pueblo.

⇒ Tengo un hermano <**que** vive en un pueblo>.　私には田舎に住んでいる兄がひとりいる。

　　先行詞　　　　　　　　　　　　※　この関係代名詞 que は関係節内で主語の役割を果している

Luis me recomienda una película.　/　Me gusta la película.

⇒ Me gusta la película <**que** me recomienda Luis>.　私はルイスが薦めるその映画が好きだ。

　　　　　先行詞　　　　　　　　※　この関係代名詞 que は関係節内で直接目的語の役割を果している

B 日本語に合うように、関係代名詞 **que** を用いて 1 つの文にしましょう。

1) Estos chicos son mis compañeros. / Ellos están en el parque.

    ⇒ Estos chicos _____ .

       公園にいるこの子たちは私のクラスメイトだ。

2) Tenemos unos vasos. / Los vasos son de plástico.

    ⇒ Los vasos _____ .

       私たちがもっているコップはプラスチック製だ。

3 所有詞　後置形　🎧1-62

所有詞の後置形には、前置形とは異なる 3 つの用法がある（前置形 → Lección 3）。
いずれの場合も名詞に合わせて性数変化する。性数変化の規則は形容詞と同じ。

1 人称単数	**mío** 私の	1 人称複数	**nuestro** 私たちの
2 人称単数	**tuyo** 君の	2 人称複数	**vuestro** 君たちの
3 人称単数	**suyo** 彼の / 彼女の あなたの	3 人称複数	**suyo** 彼らの / 彼女らの あなた方の

用法

① **名詞を後ろから修飾する**（名詞の前に冠詞や指示形容詞がつく場合）。

   este vestido mío　この私のドレス / estos vestidos míos　これらの私のドレス

   esta camiseta mía　この私のTシャツ / estas camisetas mías　これらの私のTシャツ

② **動詞 ser などの補語となる。**

   Aquel bolso amarillo es suyo.　あの黄色のハンドバッグは彼の / 彼女の / あなたのものだ。

③ 〈**定冠詞 + 後置形**〉 … 「（文脈上、自明な名詞を指して）〜のもの」

   Tu casa es grande, pero la nuestra es pequeña.　君の家は大きいが、私たちのもの（casa）は小さい。

> 定冠詞は、指し示される名詞に合わせて性数変化する

C 日本語に合うように、（　）内に所有詞の後置形を入れましょう。

1) una amiga (　　　　　　)　私たちの友達のひとり

2) aquellos zapatos (　　　　　　)　あの彼女の靴

3) este collar (　　　　　　)　この私のネックレス

Práctica

1. （ ）内に目的格人称代名詞を、＿＿に動詞の現在形を入れ、会話文を完成させましょう。

1) ¿Qué os enseña el profesor González? —(   ) ＿＿＿＿＿＿＿＿ español.

2) ¿Cuándo me llamas? —(   ) ＿＿＿＿＿＿＿＿ esta noche.

3) ¿Conoce usted a Pablo? —No, no (   ) ＿＿＿＿＿＿＿＿ .

4) ¿Puedes decirme la verdad? —Sí, (   ) (   ) ＿＿＿＿＿＿＿＿ .

5) ¿Le compras esta muñeca? —No, no (   ) (   ) ＿＿＿＿＿＿＿＿ .

2. 日本語に合うように、（ ）内の語を並びかえて文を作りましょう。

1) 私には日本語とドイツ語を話す友達がひとりいる。

(alemán, amigo, habla, japonés, que, tengo, un, y, yo)

＿＿＿＿＿＿＿＿＿＿＿＿＿＿＿＿＿＿＿＿＿＿＿＿＿ .

2) この眼鏡は私のものです。(1 語不要)

(estas, gafas, las, mías, son)

＿＿＿＿＿＿＿＿＿＿＿＿＿＿＿＿＿＿＿＿＿＿＿＿＿ .

3) 私たちの娘のひとりはコロンビアに住んでいる。(1 語不要)

(Colombia, en, hija, mías, nuestra, una, vive)

＿＿＿＿＿＿＿＿＿＿＿＿＿＿＿＿＿＿＿＿＿＿＿＿＿ .

3. スペイン語に訳しましょう。

1)「(君は)私に写真(複数)を送ってくれるかな？」「うん、明日送るよ。」

＿＿＿＿＿＿＿＿＿＿＿＿＿＿＿＿＿＿＿＿＿＿＿＿＿ .

2) 君の辞書は新しいけど、私のものは古い。

＿＿＿＿＿＿＿＿＿＿＿＿＿＿＿＿＿＿＿＿＿＿＿＿＿ .

3) (私は)君に母を紹介するよ。

＿＿＿＿＿＿＿＿＿＿＿＿＿＿＿＿＿＿＿＿＿＿＿＿＿ .

4) 私たちにスペイン語を教えている先生は、ウルグアイの出身です。

＿＿＿＿＿＿＿＿＿＿＿＿＿＿＿＿＿＿＿＿＿＿＿＿＿ .

5)「このスマートフォン(este smartphone)は誰のものですか？」「私のものです。」

＿＿＿＿＿＿＿＿＿＿＿＿＿＿＿＿＿＿＿＿＿＿＿＿＿ .

4. 音声を聴いて、全文を書きとりましょう。 🎧1-63

1) ＿＿＿＿＿＿＿＿＿＿＿＿＿＿＿＿＿＿＿＿＿＿＿＿＿ .

2) ＿＿＿＿＿＿＿＿＿＿＿＿＿＿＿＿＿＿＿＿＿＿＿＿＿ .

3) ＿＿＿＿＿＿＿＿＿＿＿＿＿＿＿＿＿＿＿＿＿＿＿＿＿ .

Lección 10

No puedo vivir sin ti.
¿Quieres casarte conmigo?
Así me gusta.
A mí me encanta viajar.
¿A ti también?

🎧1-64

---

1 前置詞格人称代名詞　🎧1-65

前置詞格人称代名詞とは、前置詞の後ろに置かれる人称代名詞。

1人称単数形 mí と 2人称単数形 ti 以外は主格人称代名詞と同形。（→ Lección 3）

前置詞 (a, de, para ...) +

mí	nosotros / nosotras
ti	vosotros / vosotras
él / ella / usted	ellos / ellas / ustedes

Este libro es para ti. —¿Para mí? ¡Muchas gracias! 「この本は君にだよ。」「私に？どうもありがとう！」

Siempre pienso en ella. 私はいつも彼女のことを考えている。　※　pensar en ... : 〜のことを考える

・　前置詞 con の後ろに mí / ti が置かれると、~~con mí~~ ⇒ conmigo / ~~con ti~~ ⇒ contigo と縮約される。

¿Quieres ir con Daniela? —No, quiero ir contigo. 「君はダニエラと行きたいの？」「いや、君と行きたいよ。」

Tengo que hablar con usted. 私はあなたと話さなくてはならない。

A▷ 日本語に合うように、（　）内に前置詞格人称代名詞を入れましょう。

1. Mis abuelos hablan bien de (　　　　). 私の祖父母は私のことを褒めてくれる。

2. Manuel no siempre piensa en (　　　　). マヌエルはいつも君のことを考えているわけではない。

3. Para (　　　) un café y para (　　　) un zumo de naranja, por favor.

　　　　　　　　　　　私にはコーヒー、彼女にはオレンジジュースをお願いします。

4. Estas gafas son de (　　　). この眼鏡は彼女のものです。

2 動詞 gustar 🎧1-66

動詞 gustar は〈ヒト + gustar + モノ・コト〉の語順で「〈ヒト〉は〈モノ・コト〉が好きだ」という好みを示す表現を作る。ただし、動詞の前に置かれる〈ヒト〉は間接目的語で、主語は動詞の後ろに置かれる〈モノ・コト〉。

Me　　　　gustan　los perros.　　犬が私に好感を抱かせる（⇒ 私は犬が好きだ）。
間接目的語　　動詞　　　主語

> 動詞 **gustar** の活用は規則どおり。
> 主語は〈モノ・コト〉であるため、もっぱら 3 人称 **gusta / gustan** を用いる

¿Te **gusta** el fútbol? —Sí, me **gusta** mucho.　「君はサッカーが好き？」「うん、とても好きだよ。」

No nos **gustan** los insectos.　私たちは昆虫が好きではない。

Os **gusta** mucho jugar al baloncesto.　君たちはバスケットボールをプレーすることがとても好きだ。

※ 動詞を不定詞のまま用いると「〜すること」と名詞化し、文中で主語（3 人称単数扱い）などになる

・ 〈ヒト〉を明示したり、強調するためには〈a + ヒト〉または〈a + 前置詞格人称代名詞〉を間接目的格人称代名詞の前に重ねて置く。

A mí me **gusta** la cerveza, pero a ella le **gusta** el vino.
　　　　　　　　　　　　　　　　　　　私はビールが好きだが、彼女はワインが好きだ。

A mis padres no les **gusta** cantar.　私の両親は歌うことが好きではない。

☆ **同意・不同意の表現** … 〈a + 前置詞格人称代名詞 …〉というかたちをとる。

・ **肯定文に対する同意・不同意**

Me gusta aprender idiomas extranjeros, ¿y a ti?　私は外国語を学ぶことが好きだ。君は？

—A mí también. / A mí no.　私も好きだ。/ 私は好きではない。　　※ también：〜も…である

・ **否定文に対する同意・不同意**

No me gustan los lunes, ¿y a ti?　私は月曜日が好きではない。君は？

—A mí tampoco. / A mí sí.　私も好きではない。/ 私は好きだ。　　※ tampoco：〜も…でない

☆ **gustar 型動詞**

・ **encantar**（〜におおいに好感を抱かせる）　　encantar = gustar mucho

A mis abuelos les encanta la paella.　私の祖父母はパエリアが大好きだ。

・ **interesar**（〜に興味を抱かせる）

¿Os interesa la cultura española?　君たちはスペイン文化に興味があるかい？

・ **doler**（〜に痛みをもたらす）

Me duelen mucho las piernas.　私は脚がとても痛い。

> 動詞 **doler** の活用は不規則（語根母音変化[**o → ue**]型）。3 人称単数 **duele** / 3 人称複数 **duelen**

・ **parecer** 形容詞 / 副詞（〜と思われる）

¿Qué te parece esta novela? —Me parece interesante.　「君はこの小説をどう思うの？」「面白いと思うよ。」

B 日本語に合うように、___ に代名詞、( ) 内に動詞 **gustar** を入れましょう。

1. ¿A ustedes _____ ( ) los conejos? —No, no _____ ( ).
「あなた方はウサギがお好きですか？」「いいえ、好きではありません。」

2. A mis hijos _____ ( ) mucho los zoológicos.　私の子どもたちは動物園がとても好きだ。

3. A mí no _____ ( ) jugar al golf.　私はゴルフをプレーすることが好きではない。

C 以下の疑問文に対する応答として正しいものを選びましょう。

1. A Paula le gusta hacer deportes, ¿y a ti?　　--- a. A mí sí.　　b. A mí no.
2. No me gustan los lunes, ¿y a usted?　　--- a. A mí también.　　b. A mí tampoco.
3. Nos gusta el invierno, ¿y a Alonso?　　--- a. A él sí.　　b. A él también.
4. Me gusta mucho leer, ¿y a ustedes?　　--- a. A nosotros no.　　b. A nosotros tampoco.

D 日本語に合うように、___ に代名詞、( ) 内に動詞の現在形を入れましょう。

1. A Paula no _____ ( ) practicar yoga.　パウラはヨガをすることに興味がない。
2. _____ ( ) nadar.　私たちは泳ぐことが大好きだ。
3. _____ ( ) las muelas.　私は歯が痛いの。
4. ¿Qué _____ ( ) esta película? — _____ ( ) muy
   interesante.　「君たちはこの映画をどう思う？」「とても面白いと思うよ。」

---

3 序数詞　🎧1-67

> 🔍 英語の **first, second, third ...** に相当

〈定冠詞 + 序数詞 + 名詞〉というかたちで用いられ、名詞に合わせて性数変化する。

1.º	primero	1.ª	primera	4.º	cuarto	4.ª	cuarta
2.º	segundo	2.ª	segunda	5.º	quinto	5.ª	quinta
3.º	tercero	3.ª	tercera				

el segundo piso　2階　　　　　la primera clase　最初の授業

los primeros años　最初の数年　las primeras clases　最初の数回の授業

> **primero / tercero** は男性単数名詞の前に置かれると **-o** が脱落する
> **el primer premio** 1等賞 / **el tercer premio** 3等賞

※　スペインでは建物の入り口の階（日本の1階）を piso bajo と呼び、その上階から primer piso, segundo
piso ... と階数をカウントするため、日本の階数よりもひとつ少なくなる。たとえば、スペインの segundo
piso（2階）は日本の3階に相当する

E 日本語に合うように、( ) 内に定冠詞と序数詞を入れましょう。

1. ( ) ( ) edición　第3版　　　　3. ( ) ( ) hijo　第4子

2. ( ) ( ) días　最初の数日

Práctica

1. 日本語に合うように、(　) 内の語を並びかえて文を作りましょう。

1) ホルヘが君とテレビを買いに行きたがっているよ。　　※　ir a 不定詞：〜しに行く

(a, comprar, contigo, ir, Jorge, quiere, televisor, un)

_____ .

2) 私は出かけるのは好きではない。

(a, gusta, me, mí, no, salir)

_____ .

3) 私の家は広場から 2 番目の通りにある。

(calle, casa, desde, en, está, la, la, mi, plaza, segunda)

_____ .

4) 私たちは冷製スープが大好きだ。

(a, encanta, fría, la, nos, nosotros, sopa)

_____ .

5) 子どもたちは私がいないと眠れない。

(dormir, los, mí, niños, no, pueden, sin)

_____ .

2. 以下の会話文の①〜③に入れるのにもっともふさわしい文を a. - d. から選びましょう。 🎧1-68

Yolanda: Me gusta la playa. ¿Y a ti?

Emilio:　(　① 　) Me gusta nadar y bucear.

　　　　　¿Por qué no vamos a la playa este fin

　　　　　de semana?

Yolanda: ¡Qué pena! (　② 　)

Emilio:　Vaya, tienes que ir al médico.

　　　　　Y si estás bien, vamos a la playa.

Yolanda: ¡Vale! (　③ 　)

a. Ahora me duelen las piernas.

b. Te llamo mañana.

c. ¡A mí también!

d. A ti sí.

※　bucear：潜水する

※　¡Qué pena!：残念！

※　vaya：あら、まあ

※　si：もし〜（英：if）

※　vale：OK、了解

3. 音声を聴いて、全文を書きとりましょう。 🎧1-69

1) _____

2) _____

3) _____

Lección 11

Una de las obras más populares de Murillo.
Los niños de la concha.
San Juan Bautista es tan pequeño como Jesús.
El cordero es el animal más inocente del mundo.

バルトロメ・エステバン・ムリーリョ《貝殻の子どもたち》
1670 年頃　プラド美術館　🎧2-01

---

1 比較級　🎧2-02

比較級には、優等比較級(英：more ... than ...)、同等比較級(英：as ... as ...)、劣等比較級(英：less ... than ...)の 3 種類がある。

優等比較級　…　〈más + 形容詞または副詞 + que 比較対象〉　「〜より…である」

形容詞　Martín es <u>más</u> alto <u>que</u> Lucas.　マルティンはルカスよりも背が高い。

Paula es <u>más</u> alta <u>que</u> Daniela.　パウラはダニエラよりも背が高い。

副詞　Martín corre <u>más</u> rápido <u>que</u> Lucas.　マルティンはルカスよりも速く走る。

Paula corre <u>más</u> rápido <u>que</u> Daniela.　パウラはダニエラよりも速く走る。

副詞はつねに性数変化しない

☆　優等比較級の不規則形

・　いくつかの形容詞・副詞は、優等比較級で más がつかず、不規則形に変化する。

もとの形容詞	優等比較級
bueno	**mejor**
malo	**peor**
mucho	**más**
poco	**menos**
grande	**mayor**（年齢などを比較する場合）
pequeño	**menor**（年齢などを比較する場合）

Estas cámaras son <u>mejores</u> <u>que</u> esas.　これらのカメラはそれらよりもよい。

※　~~más buenas~~ ⇒ mejores

Tengo <u>más</u> sombreros <u>que</u> tú.　私は君よりもたくさんの帽子をもっている。

※　~~más muchos~~ ⇒ más

Alejandro es dos años <u>mayor</u> <u>que</u> Leo.　アレハンドロはレオよりも 2 歳年上だ。

※　年齢の比較には mayor(年上の) / menor(年下の)を用いる
※　比較の「差」は比較級の前に置く

El Sol es <u>más</u> grande <u>que</u> la Tierra.　太陽は地球よりも大きい。

※　物理的な大きさを比較する場合は、規則どおりに más grande

もとの副詞	優等比較級
bien	**mejor**
mal	**peor**
mucho	**más**
poco	**menos**

Mi hermana canta mejor que yo.　私の姉は私よりもうまく歌う。　　※　~~más bien~~ ⇒ mejor

Ahora Julia bebe más que antes.　いまフリアは以前よりもたくさん飲む。

※　~~más mucho~~ ⇒ más

同等比較級 … 〈tan + 形容詞または副詞 + como 比較対象〉　「～と同じくらい…である」

形容詞　Mis padres están tan alegres como yo.　私の両親は私と同じくらい喜んでいる。

副詞　Estudias tan apasionadamente como Hugo.　君はウゴと同じくらい熱心に勉強している。

　　　No estudias tan apasionadamente como Hugo.　君はウゴほどは熱心に勉強していない。

☆　**同等比較級の不規則形**

・　形容詞 / 副詞 の mucho は、同等比較級で tan がつかず、不規則形に変化する。

もとの形容詞 / 副詞	同等比較級
mucho	tanto

Tengo tantas chaquetas como Loli.　私はロリと同じくらいたくさんのジャケットをもっている。

※　~~tan muchas~~ ⇒ tantas

Felipe trabaja tanto como Carlos.　フェリーペはカルロスと同じくらいたくさん働く。

※　~~tan mucho~~ ⇒ tanto

劣等比較級 … 〈menos + 形容詞または副詞 + que 比較対象〉　「～ほどは…でない」

形容詞　Este anillo es menos caro que aquel.　この指輪はあれほどは高くない。

副詞　Salgo de casa menos temprano que mi padre.　私は父ほど早くは家を出ない。

劣等比較級は同等比較級の否定形と同じような意味になる

A ▶ 日本語に合うように、( ) 内に適語を入れましょう。

1. Esta cartera es (　　　　) barata (　　　　　) esa.　この財布はそれよりも安い。

2. Diego pinta (　　　　) (　　　　　) Paco.　ディエゴはパコよりもうまく絵を描く。

3. Él come (　　　　) (　　　　　) yo.　彼は私よりもたくさん食べる。

4. Mi smartphone no es (　　　　) nuevo (　　　　　) este.

私のスマートフォンはこれほどは新しくない。

5. Hoy hace (　　　　) calor (　　　　) ayer.　今日は昨日と同じくらい暑い。

最上級（形容詞）　∩2-03

定冠詞（+ 名詞）+ **más** 形容詞 + **de** 比較の範囲　　「～でもっとも…な（〇〇）」

名詞は自明な場合には省略されるが、その場合でも定冠詞は残る

¿Cuál es el río más largo del mundo?　世界でもっとも長い川はどれですか？

El monte Fuji es el más alto de Japón.　富士山は日本でもっとも高い（山だ）。

Sara es la más seria de la clase.　サラはクラスでもっともまじめ（な女性）だ。

Fernando es el mejor jugador del equipo.　フェルナンドはチームでもっともよい選手だ。

※　mejor / peor は名詞の前に置かれる

B 日本語に合うように、（　）内に適語を入れましょう。

1. Esta universidad es (　　　　) (　　　　　　) antigua del país.　この大学は国内でもっとも古い。

2. Este es (　　　　) edificio (　　　　　　) alto de Osaka.　こちらは大阪でもっとも高いビルです。

3. (　　　　) (　　　　　　) restaurante de este pueblo está cerca de aquí.

この町でもっともよいレストランがこの近くにある。

最上級（副詞）　∩2-04

副詞の最上級は〈先行詞 + 関係詞節〉を用いて表せる。

定冠詞（+ 名詞）+ 〈**que** 動詞 + **más** 副詞 + **de** 比較の範囲〉　　「～でもっとも…する（〇〇）」

先行詞　　　　　　　　　　　　　　関係詞節

先行詞の名詞は自明な場合には省略されるが、その場合でも定冠詞は残る

Alba es la jugadora que corre más rápido del equipo.　アルバはチームでもっとも速く走る選手だ。

Mi abuelo es el que desayuna más temprano de la familia.

私の祖父は家族でもっとも早く朝食をとる（男性だ）。

C 日本語に合うように、（　）内に適語を入れましょう。

1. Roberto es (　　　　) (　　　　) anda (　　　　) despacio de nosotros.

ロベルトは私たちのなかでもっともゆっくり歩く。

2. Ella es (　　　　) (　　　　) me escribe (　　　　) a menudo de las tres.

彼女は3人のなかでもっとも頻繁に私に手紙を書いてくれる。　　※　a menudo：頻繁に

Práctica

1. 日本語に合うように、（　）内の語を並びかえて文を作りましょう。

1) サグラダ・ファミリアはスペインでいちばん有名な聖堂だ。

(de, es, España, famosa, iglesia, la, más)

La Sagrada Familia _____ .

2) ニコラスは私よりも勉強している。

(estudia, más, Nicolas, que, yo)

_____

3) 東京はマドリードよりも人口が多い。

(habitantes, Madrid, más, que, tiene, Tokio)

_____

4) この町にはバルセロナほどたくさんの店はない。

(ciudad, como, en, esta, hay, no, tantas, tiendas)

En _____ Barcelona.

5) 私は君よりもうまくスケートを滑ることができるよ。

(mejor, patinar, que, sé, tú)

_____

2. スペイン語に訳しましょう。

1) このスカートは君のものほどはかわいくない。（同等比較級を用いる）

_____

2) 私の娘は君よりも 3 歳年下だよ。

_____

3) 君の靴は私のものよりも大きい。

_____

4) パウラ(Paula)はクラスでいちばん遠くに住んでいる。

_____

5) 日本ではスペインよりもたくさん雨が降る。

_____

3. 音声を聴いて、全文を書きとりましょう。　🎧2-05

1) _____

2) _____

3) _____

Lección 12

¿Qué estás haciendo ahora?
¿Puedo probármelo?
Se alquila piso.
¡Me muero de calor!

 2-06

1 再帰動詞 🎧2-07

再帰動詞とは、再帰代名詞(me, te, se, nos, os, se)を伴う動詞のこと。

活用 … 動詞と再帰代名詞の人称・数はかならず一致する。

再帰代名詞はつねに me, te, se, nos, os, se と変化し、動詞の前に置かれる。

levantarse 起きる		
me levanto	**nos**	levantamos
te levantas	**os**	levantáis
se levanta	**se**	levantan

acostarse 就寝する		
me acuesto	**nos**	acostamos
te acuestas	**os**	acostáis
se acuesta	**se**	acuestan

用法

① 再帰

　・ 直接再帰 「自分自身を〜する」

　Me levanto muy temprano.　私はとても早く起きる。　※ levantarse：自分自身を起こす ⇒ 起きる

　¿Cómo **se llama** usted? —**Me llamo** Laura.　「あなたは何というお名前ですか?」「私はラウラという名前です」
　　　　　　　　　　　　　　　　　　　　　　　※ llamarse：自分自身を〜と呼ぶ ⇒ 〜という名前である

　・ 間接再帰 「自分自身に(対して)〜する」

　Nos quitamos los zapatos en la entrada.　私たちは玄関で靴を脱ぐ。
　　　　　　　　　　　　　　　　　　　　※ quitarse：自分自身に対してとり除く ⇒ 脱ぐ

　Me lavo la cara.　私は顔を洗う。　※ lavarse：自分自身に対して洗う ⇒ (自分の身体の一部を)洗う

② 相互 「たがいに〜する」(主語はつねに複数)

　Hugo y yo **nos queremos** mucho.　ウゴと私はとても愛しあっている。
　　　　　　　　　　　　　　　　　　　　※ quererse：たがいに愛する ⇒ 愛しあう

③ ニュアンスの変化(強意・転意)

　¿Ya **te vas**?　(君は)もう行くの?　※ irse：たち去る(目的地よりも「その場を離れること」に重点が置かれる)

　cf. Voy a la universidad en tren.　私は電車で大学に行く。　※ ir：行く(目的地に重点が置かれる)

　Me muero de hambre.　私は空腹で死にそうだ(⇒ おなかが空いてたまらない)。
　　　　　　　　　　　　　　　　※ morir：死ぬ ⇒ morirse de ... ：〜で死にそうだ

④ 受身 「〜される」(主語はつねに〈モノ・コト〉で、動詞の後ろに無冠詞で置かれることが多い)

　Aquí **se venden** coches.　ここでは車が売られている。　※ vender：売る ⇒ venderse：売られる

☆ 再帰動詞を不定詞として用いる場合 … 再帰代名詞のみ主語に合わせて変化する。

Mañana tengo que levantarme temprano. 明日、私は早く起きなくてはならない。

A▷ 以下の動詞と再帰動詞をそれぞれ（　）内の主語に合わせて現在形に活用させましょう。

1. (tú) levantar（起こす）_____
   levantarse（起きる）_____

2. (yo) acostar（寝かせる）_____
   acostarse（就寝する）_____

3. (nosotros) hablar（話す）_____
   hablarse（話しあう）_____

4. (ella) ir（行く）_____
   irse（たち去る）_____

B▷ 日本語に合うように、（　）内の再帰動詞を現在形に活用させましょう。

1. ¿A qué hora (levantarse:　　　　　) usted? あなたは何時に起きますか？

2. Tenemos que (ayudarse:　　　　　) mutuamente. 私たちはおたがいに助けあわなくてはならない。

3. Yo (lavarse:　　　　　) los dientes después del desayuno. 私は朝食の後に歯を磨く。

4. Yo ya (irse:　　　　　), es muy tarde. 私はもう行くよ、とても遅いから。

5. (Alquilarse:　　　　　) casa en el barrio antiguo. 旧市街で家が貸し出されている。

2 **不定語と否定語** 🎧2-08

不定語	否定語
algo 何か（代名詞）	**nada** 何も〜ない（代名詞）
alguien 誰か（代名詞）	**nadie** 誰も〜ない（代名詞）
alguno / alguna / algunos / algunas ・ いずれかの（形容詞） ・ （具体的な名詞を指して）いずれかの〈モノ・ヒト〉（代名詞）	**ninguno / ninguna** ・ いずれの…も〜ない（形容詞） ・ （具体的な名詞を指して）いずれの〈モノ・ヒト〉も〜ない（代名詞）

・ 否定語を動詞よりも後ろに置く場合、つねに no を伴う（二重否定にはならない）。

¿Quieres algo? —No, no quiero nada. 「君は何か欲しいの？」「いや、何も欲しくないよ。」

¿Viene alguien? —No viene nadie. 「誰か来るの？」「誰も来ないよ。」

・ 否定語を動詞よりも前に置く場合、no は不要。

Nada la satisface. 何も彼女を満足させない。

Nadie es perfecto. 誰も完璧ではない。

・ alguno / ninguno は性数変化し、男性単数名詞の前では algún / ningún となる。

¿Hay alguna bebida fría? —No, no hay ninguna.
　　　　　「何か冷たい飲み物はありますか？」「いいえ、何も（冷たい飲み物は）ありません。」

¿Tienes algún problema? —No, no tengo ninguno.
　　　　　「君は何か問題を抱えているの？」「いや、何も（問題は）ないよ。」

Ninguna de las chicas quiere dormir. その女の子たちの誰も眠りたがらない。

Algunos de estos estudiantes son de España. この学生たちの何人かはスペインの出身だ。

C ▷ 日本語に合うように、( ) 内に不定語または否定語を入れましょう。

1. ¿Hay alguien en casa? –No, no hay (　　　　　). 「家に誰かいるの？」「いや、誰もいないよ。」

2. (　　　　　) jersey es bonito. No quiero comprar (　　　　　).

どのセーターもかわいくない。私はどれも買いたくないな。

3 ▶ 現在分詞 ∩2-09

作り方

-ar 動詞	-ar ⇒ **-ando**
-er 動詞	-er ⇒ **-iendo**
-ir 動詞	-ir ⇒ **-iendo**

hablar ⇒ habl**ando**
comer ⇒ com**iendo**
vivir ⇒ viv**iendo**

☆　不規則形

leer ⇒ leyendo　　　　**pedir** ⇒ pidiendo　　　　**dormir** ⇒ durmiendo

oír ⇒ oyendo　　　　**decir** ⇒ diciendo

ir ⇒ yendo　　　　**venir** ⇒ viniendo

用法 … 副詞的に用いる。性数変化しない。

① 動詞を修飾 … 「～しながら」

Estudio escuchando música.　私は音楽を聴きながら勉強する。

② 〈**estar** + 現在分詞〉 … 進行形「～しているところだ」

Mi hermano está estudiando en su habitación.　私の兄は部屋で勉強しているところだ。

☆ 現在分詞には、目的格人称代名詞および再帰代名詞を後ろにつなげることが可能。

その際、現在分詞の本来のアクセント位置を維持するためにアクセント記号をつける。

Estoy leyéndolo. / Lo estoy leyendo.　私はそれを読んでいるところだ。

La maestra está diciéndoles la verdad. / La maestra les está diciendo la verdad.

先生は彼らに本当のことを言っているところだ。

Pilar está duchándose. / Pilar se está duchando.　ピラールはシャワーを浴びているところだ。

D ▷ 以下の動詞の現在分詞を書きましょう。

1. beber ＿＿＿＿＿＿＿　　　　5. venir ＿＿＿＿＿＿＿

2. ir ＿＿＿＿＿＿＿　　　　6. pensar ＿＿＿＿＿＿＿

3. viajar ＿＿＿＿＿＿＿　　　　7. dormir ＿＿＿＿＿＿＿

4. volver ＿＿＿＿＿＿＿　　　　8. oír ＿＿＿＿＿＿＿

Práctica

1. 以下の各文について、直接目的語に下線、間接目的語に点線、再帰代名詞に波線を引きましょう。

1) ¿Te compro este libro?

2) ¿Nos vemos mañana?

3) ¿Quieres acostarte ya?

4) ¿Os levantáis a las siete?

5) ¿Tienes que lavar los platos?

6) ¿Cocinas escuchando la radio?

2. 大問1の各疑問文にそれぞれ肯定と否定で答えましょう。目的語は代名詞に変えてください。

1) 肯定：_____　　否定：_____

2) 肯定：_____　　否定：_____

3) 肯定：_____　　否定：_____

4) 肯定：_____　　否定：_____

5) 肯定：_____　　否定：_____

6) 肯定：_____　　否定：_____

3. 日本語に合うように、（　）内に不定語または否定語を入れましょう。

1) ¿Quieres ver (　　　) película? —No, no quiero ver (　　　).

「君は何か映画を観たいかい？」「いや、どれも観たくないよ。」

2) ¿Hay (　　　) en la nevera? —No, no hay (　　　).　「冷蔵庫に何かあるかい？」「いや、何もないよ。」

3) ¿Esperáis a (　　　)? —No, no esperamos a (　　　).

「君たちは誰かを待っているの？」「いや、誰のことも待っていないよ。」

4. 音声を聴いて、全文を書きとりましょう。　∩2-10

1) _____

2) _____

3) _____

Lección 13

Miguel de Cervantes escribió el *Quijote*.
¿Qué hiciste ayer?
Anoche hablé por teléfono toda la noche con mi novio.
Nos conocimos en Cancún.
Tengo 20.000 seguidores.

🎧 2-11

---

1 スペイン語の「過去形」 🎧 2-12

スペイン語には 2 種類の「過去形」がある。

- 点過去形 … 過去に完了した出来事や行為を表す。

  Ayer **hablé** con mi madre.　昨日、私は母と話した。

- 線過去形 … 過去のある時点における状況や習慣を表す。(→ Lección 14)

  De pequeño **jugaba** al fútbol.　小さい頃、私はサッカーをしていたものだ。

2 直説法点過去形　規則活用 🎧 2-13

hablar	
habl**é**	habl**amos**
habl**aste**	habl**asteis**
habl**ó**	habl**aron**

comer	
com**í**	com**imos**
com**iste**	com**isteis**
com**ió**	com**ieron**

vivir	
viv**í**	viv**imos**
viv**iste**	viv**isteis**
viv**ió**	viv**ieron**

※　-er 動詞と -ir 動詞の活用語尾は共通

☆　**つづり調整型** … 以下の語末をもつ動詞は、音としては規則どおりに活用するが、音に合うように
つづりを調整する。

- **-car** 型　bus<u>car</u>　　bus<u>qué</u>, buscaste, buscó, buscamos, buscasteis, buscaron

  ※　〈ケ〉音を出すために c<u>é</u> ⇒ qué

- **-gar** 型　lle<u>gar</u>　　lle<u>gué</u>, llegaste, llegó, llegamos, llegasteis, llegaron

  ※　〈ゲ〉音を出すために g<u>é</u> ⇒ gué

- **-zar** 型　empe<u>zar</u>　　empe<u>cé</u>, empezaste, empezó, empezamos, empezasteis, empezaron

  ※　文字表記の規則により、z<u>é</u> ⇒ cé

用法 …　過去のある時点または期間における出来事や行為を完了したこととして表す。

過去の時点を示す表現(**ayer**〔昨日〕/ **anoche**〔昨晩〕など)をしばしば伴う

La semana pasada Luis **compró** un coche nuevo.　先週、ルイスは新車を買った。

Hace tres días **llovió** mucho.　3 日前、たくさん雨が降った。　※　hace + 時間：○○前に

Ayer **me levanté** tarde.　昨日、私は寝坊した。

Los Juegos Olímpicos de Barcelona **se celebraron** en 1992.

バルセロナ・オリンピックは 1992 年に開催された。　※　en 数字：○○年に

A 以下の動詞を ( ) 内の主語に合わせて点過去形に活用させましょう。

1. aprender (tú) _____
2. abrir (nosotras) _____
3. practicar (yo) _____
4. levantarse (ellos) _____

3 直説法点過去形　不規則活用　🎧 2-14

① **語根母音変化型** … 語尾が規則的に変化するのと同時に、3 人称で語根の母音も変化する。
〈o → u 型〉と〈e → i 型〉の 2 つのタイプがある。

dormir〈o → u 型〉		morir〈o → u　型〉		pedir〈e → i 型〉	
dormí	dormimos	morí	morimos	pedí	pedimos
dormiste	dormisteis	moriste	moristeis	pediste	pedisteis
durmió	durmieron	murió	murieron	pidió	pidieron

Cristóbal Colón **murió** en 1506.　クリストバル・コロン(クリストファー・コロンブス)は 1506 年に亡くなった。
Aquel día el señor **pidió** un café solo.　その日、男性はブラックコーヒーを頼んだ。

② **そのほか**

- **グループ 1** … 語根が不規則に変化し、さらに共通の不規則な活用語尾(-e, -iste, -o, -imos, -isteis, -ieron)をもつ動詞。

tener		estar		venir	
tuve	tuvimos	estuve	estuvimos	vine	vinimos
tuviste	tuvisteis	estuviste	estuvisteis	viniste	vinisteis
tuvo	tuvieron	estuvo	estuvieron	vino	vinieron

andar　anduve, anduviste, anduvo, anduvimos, anduvisteis, anduvieron
poder　pude, pudiste, pudo, pudimos, pudisteis, pudieron
poner　puse, pusiste, puso, pusimos, pusisteis, pusieron
saber　supe, supiste, supo, supimos, supisteis, supieron
hacer　hice, hiciste, hizo, hicimos, hicisteis, hicieron
querer　quise, quisiste, quiso, quisimos, quisisteis, quisieron

〈ソ〉の音を出すために **co ⇒ zo**

Anteayer **tuvimos** un examen en la universidad.　おととい私たちは大学で試験があった。
El año pasado Sergio **vino** a Japón.　昨年、セルヒオは日本に来た。
¿Qué **hizo** usted la semana pasada?　あなたは先週何をしましたか？

- **グループ 2** … 語根が不規則に変化し、さらに共通の不規則な活用語尾(-e, -iste, -o, -imos, -isteis, -eron)をもつ動詞。

traer　traje, trajiste, trajo, trajimos, trajisteis, trajeron
conducir　conduje, condujiste, condujo, condujimos, condujisteis, condujeron
decir　dije, dijiste, dijo, dijimos, dijisteis, dijeron

Anoche mi madre me **trajo** la sopa.　昨晩、母は私にスープを持ってきてくれた。
Te lo **dije** ayer.　私は昨日君にそれを言ったよ。

- グループ3 （完全不規則）

leer	leí, leíste, leyó, leímos, leísteis, leyeron
creer	creí, creíste, creyó, creímos, creísteis, creyeron
oír	oí, oíste, oyó, oímos, oísteis, oyeron
ver	vi, viste, vio, vimos, visteis, vieron
dar	di, diste, dio, dimos, disteis, dieron
ser / ir	fui, fuiste, fue, fuimos, fuisteis, fueron

La fiesta de anteayer **fue** muy divertida.　おとといのパーティーはとても楽しかった。

En 2020 **fuimos** a París.　2020 年に私たちはパリへ行った。

Ayer le **di** un regalo de cumpleaños a María.　昨日、私はマリアに誕生日プレゼントをあげた。

> ※　3 人称の間接目的語〈a + 名詞〉は、動詞の前にも代名詞として重ねて置かれることが多い。この現象は、〈a + 名詞〉と代名詞で意味が重複していることから「重複表現」と呼ばれる。ここでは、間接目的語 a María（マリアに）が動詞の前にも代名詞 le（彼女に）として置かれている

B▷ 日本語に合うように、（　）内の動詞を点過去形に活用させましょう。

1. Anoche (cenar:　　　　) con Carla.　昨晩、私はカルラと夕食をとった。

2. En 1547 (nacer:　　　　) Miguel de Cervantes.　1547 年にミゲル・デ・セルバンテスは生まれた。

3. Mi tío le (vender:　　　　) la casa a Pepe hace tres años.　おじは 3 年前に家をペペに売った。

4. Anteayer yo (ver:　　　　) a Pablo.　おととい私はパブロに会った。

5. El verano pasado nosotros (ir:　　　　) a Argentina.　昨夏、私たちはアルゼンチンに行った。

4 数詞（101-1 000 000）　🎧2-15

100	cien	200	doscientos	1000	mil
	101 ciento uno	300	trescientos	2000	dos mil
	102 ciento dos	400	cuatrocientos	10 000	diez mil
	:	500	quinientos	100 000	cien mil
	199 ciento noventa y nueve	600	seiscientos	1 000 000	un millón
		700	setecientos		
		800	ochocientos		
		900	novecientos		

> ・　100 は、十の位以下の端数のない場合は **cien**、ある場合は **ciento** となる
> ・　**doscientos, trescientos, ... novecientos** は、女性名詞の前では **-cientos** ⇒ **-cientas**
> 　　**doscientas diez fresas**　210 個のイチゴ

Este diccionario costó 3455 (tres mil cuatrocientos cincuenta y cinco) yenes.

この辞書は 3,455 円した。

y は十の位と一の位の間のみ置く

Práctica

1. 以下の文章を読み、点過去形の動詞に下線を引きましょう。 🎧2-16

> Lionel Messi es uno de los mejores jugadores de fútbol del mundo. Su bisabuelo salió de Italia y llegó a Argentina en mil ochocientos ochenta y tres. Lionel nació en 1987. Tiene dos hermanos y una hermana. Empezó a jugar al fútbol en un club local a los seis años. En dos mil viajó a Barcelona para probarse en el Camp Nou. Hizo el contrato con FC Barcelona y su familia también se mudó a España para apoyarlo. En octubre de dos mil cuatro oficialmente debutó en La Liga. Dos años después participó en la Copa Mundial de Alemania, entonces jugó 3 partidos y marcó su primer gol. En 2009 ganó su primer Balón de Oro, cuando fue la estrella del equipo que ganó cinco trofeos.

2. 大問 1 の文章をもとに年表を完成させましょう。

リオネル・メッシのバイオグラフィー(**La biografía de Lionel Messi**)

( )年	( )がイタリアから( )へ移住	
1987 年	(	)
1993 年	(	)
( )年	カンプ・ノウでトライアウトを受けるために(	)
( )年	10 月、スペインリーグ(ラ・リーガ)公式戦デビュー	
2006 年	(	)
2009 年	初のバロンドール(バロン・デ・オロ)を獲得。チームは(	)

3. 以下の各文について下線部の誤りを訂正しましょう。正しい場合は〇と記してください。

1) Ayer Laura vendo una mochila de algodón. (   )

2) Anoche la zapatería de la esquina cierró muy temprano. (   )

3) ¿A qué hora te acostaste? (   )

4) Mi padre se puso el sombrero y se ir. (   ) (   )

5) La semana pasada compramos un collar para nuestra madre. (   )

4. 音声を聴いて、全文を書きとりましょう。 🎧2-17

1) _____

2) _____

3) _____

Lección 14

Aquellos días estaba enamorada de ti.
De pequeño, Joaquín era muy tímido.
La Alhambra fue construida por los musulmanes.
Te llaman por teléfono.

🎧 2-18

1 直説法線過去形 🎧 2-19

活用

hablar		comer		vivir	
hablaba	hablábamos	comía	comíamos	vivía	vivíamos
hablabas	hablabais	comías	comíais	vivías	vivíais
hablaba	hablaban	comía	comían	vivía	vivían

※ 1人称単数形と3人称単数形の活用語尾は同じ

☆ 不規則活用（3語のみ）

ser era, eras, era, éramos, erais, eran

ir iba, ibas, iba, íbamos, ibais, iban

ver veía, veías, veía, veíamos, veíais, veían

用法 … 過去のある時点における状況や習慣を表す。

Empezó a llover cuando **paseaba** por el parque.　私が公園を散歩していた時に雨は降りはじめた。

※ empezar a 不定詞：〜しはじめる

Antes **había** una librería en aquella esquina.　以前、あの角には書店があった。

De pequeña, yo **dormía** con mi hermano menor.　小さい頃、私は弟と眠っていた。

※ de pequeño：小さい頃

A 以下の動詞を（ ）内の主語に合わせて線過去形に活用させましょう。

1. aprender (ella) ＿＿＿＿＿＿＿＿＿　　3. venir (ellos) ＿＿＿＿＿＿＿＿＿

2. tocar (yo) ＿＿＿＿＿＿＿＿＿　　4. ser (tú) ＿＿＿＿＿＿＿＿＿

2 点過去形と線過去形 🎧 2-20

点過去：過去の完了した出来事・行為

線過去：過去の状況・習慣

点過去

───▼────────▶

線過去

Cuando me duchaba, sonó el teléfono.
私がシャワーを浴びていた時、電話が鳴った。

¿A qué hora desayunaste el lunes?　月曜日、君は何時に朝食をとったの？
　　　　　　　完了行為

Cuando yo desayunaba, hubo un terremoto.　私が朝食をとっていた時、地震があった。
　　　　　その時の状況　　出来事

Ayer nevó todo el día.　昨日は一日中雪が降った。
　　　出来事

Cuando volvimos a casa, nevaba.　私たちが家に戻った時、雪が降っていた。
　　　　完了行為　　　　その時の状況

B▷ 日本語に合うように、（ ）内の動詞を<u>点過去形または線過去形</u>に活用させましょう。

1. Ayer yo (ver:　　　　) a Juan.　昨日、私はフアンに会ったよ。

2. Cuando (ser:　　　　) niños, (nevar:　　　　　) más.　私たちが小さかった頃は、もっと雪が降ったものだ。

3. Aquel día el víctima (lavarse:　　　　　) la cara y (salir:　　　　) de casa.

　　　　　　　　　　　　　　　　　　　　　　　　その日、被害者は顔を洗って家を出た。

4. Mientras (dormir:　　　　), (llegar:　　　　) el paquete.　君が寝ている間に小包が届いたよ。

5. De joven Hugo (viajar:　　　　) mucho.　若い頃、ウゴはたくさん旅行したものだ。

3 過去分詞 🎧 2-21

作り方

-ar 動詞	-ar ⇒ **-ado**
-er 動詞	-er ⇒ **-ido**
-ir 動詞	-ir ⇒ **-ido**

hablar ⇒ habl**ado**
comer ⇒ com**ido**
vivir ⇒ viv**ido**

> 語根が母音で終わる **-er / -ir** 動詞では、アクセント記号が現れる
> **leer** ⇒ **leído** / **traer** ⇒ **traído** / **oír** ⇒ **oído**

☆　**不規則形**

abrir	⇒ abierto	**morir**	⇒ muerto	**volver**	⇒ vuelto
cubrir	⇒ cubierto	**poner**	⇒ puesto	**decir**	⇒ dicho
escribir	⇒ escrito	**romper**	⇒ roto	**hacer**	⇒ hecho
freír	⇒ frito	**ver**	⇒ visto		

用法 … 形容詞的に用いる。性数変化する。

① **名詞を後ろから修飾** … 「～された」「～した」　　　　　名詞に合わせて性数変化する

　　Aquí se venden libros usados.　ここでは古本が売られている。

　　Me gustan mucho las patatas fritas.　私はフライドポテトが大好きだ。

　　Tengo muchas fotos sacadas por mi abuelo.　私は、祖父が撮った写真をたくさんもっている。

　　　　　　　　　　　　　　　　　　　　※　por：～によって（英：by）

② 〈**ser** + 過去分詞(+ **por** 行為者)〉 … 「～される」　　過去分詞は主語に合わせて性数変化する

・　再帰動詞の受身用法と異なり、〈por 行為者〉をつけることが可能

　　　　　　　　　主語は〈ヒト〉と〈モノ〉のどちらも可能

　　El Palacio Real de Madrid **fue construido** en el siglo XVIII.

　　　　　　　　　　　　　　　マドリードの王宮は 18 世紀に建造された。

　　Este año muchas novelas históricas **han sido publicadas** por esta editorial.

　　　　　　　　　　　　　今年はたくさんの歴史小説がこの出版社によって刊行された。

　　　　　　　※　〈ser + 過去分詞〉の受身表現は文語的。また、現在形や線過去形ではあまり用いない

③ 〈**haber** + 過去分詞〉で完了形を作る。(→ Lección 16)

[C] 左右の語句を適切に結びつけましょう。

1. una bufanda（マフラー）・　　　・traducida al japonés

2. una novela（小説）　　　・　　　・hecha a mano　※　a mano：手製の

3. una isla（島）　　　　　・　　　・descubierta por Cristóbal Colón　※　descubrir：発見する

4 **不定人称文** 🎧2-22

行為者を明示しない文を不定人称文という。

行為者を特定できない場合や行為者に言及しなくてよい場合に用いる。

① 〈動詞の 3 人称複数形〉 … 行為者が話し手と聞き手以外の誰かである場合に用いる。

　　　　　　　　　　　「～される」と受身で訳されることが多い。

　　Me robaron la cartera en el tren.　私は電車で財布を盗まれた。

　　※　ここで話し手は盗人を特定できていない、または盗人について伝えようとはしていない。

　　　　さらに、盗人は話し手でも聞き手でもない

　　Te llaman.　君を呼んでいるよ。

　　※　呼んでいる人物がひとりと考えられる場合でも 3 人称複数形を用いる

② 〈**se** + 動詞の 3 人称単数形〉 … (話し手や聞き手を含めた)一般論を表す。

　　Se vive bien en España.　スペインは暮らしやすい。

　　※　ここで話し手は、話し手や聞き手を含めた一般的な話として「スペインは暮らしやすい」と述べている

　　¿Cómo se dice "Hisashiburi!" en español? —Se dice "¡Cuánto tiempo!".

　　　　　　　「スペイン語で〈久しぶり！〉はどう言うの？」「〈¡Cuánto tiempo!〉と言うよ。」

Práctica

1. 以下の 1) - 5) と a. - e. を適切につなげて文を作りましょう。

1) Ahora como mucha verdura, ＿＿＿

2) Cuando nació mi hermano, ＿＿＿

3) El sábado pasado fuimos a un restaurante mexicano, ＿＿＿

4) Anoche Dario fue a la cama a las diez, ＿＿＿

5) En España me robaron la mochila, ＿＿＿

a. yo tenía cuatro años.

b. pero antes no me gustaba nada.

c. parece que tenía mucho sueño.

d. pero la encontró la policía.

e. ¡fue buenísimo!　　※　buenísimo：とてもよい

2. 日本語に合うように、（　）内の語を並びかえて文を作りましょう。斜字体の動詞は必要に応じて活用させてください。

1) 昨日、ブーツが小さかったので、私は足がとても痛かった。

(botas, *doler*, las, los, me, pequeñas, pies, porque, *ser*)

Ayer ＿＿＿＿＿＿＿＿＿＿＿＿＿＿＿＿＿＿＿＿＿＿＿＿＿＿ para mí.

2) 私と兄は子どもの頃、パン屋に行くことが好きだった。

(a, a mí, a mi hermano, *gustar*, ir, la, niños, nos, panadería, y)

De ＿＿＿＿＿＿＿＿＿＿＿＿＿＿＿＿＿＿＿＿＿＿＿＿＿＿ .

3) かつてここにはたくさんの店があった。

(aquí, *haber*, muchas, tiendas)

Antes ＿＿＿＿＿＿＿＿＿＿＿＿＿＿＿＿＿＿＿＿＿＿＿＿＿＿ .

4) 君は昨晩どこでクレジットカードを失くしたの？

(anoche, crédito, de, dónde, la, *perder*, tarjeta)

¿ ＿＿＿＿＿＿＿＿＿＿＿＿＿＿＿＿＿＿＿＿＿＿＿＿＿＿ ?

5) その記事はある若い記者によって書かれた。

(artículo, escrito, ese, joven, periodista, por, *ser*, un)

＿＿＿＿＿＿＿＿＿＿＿＿＿＿＿＿＿＿＿＿＿＿＿＿＿＿ .

3. 音声を聴いて、全文を書きとりましょう。　🎧2-23

1) ＿＿＿＿＿＿＿＿＿＿＿＿＿＿＿＿＿＿＿＿＿＿＿＿＿＿

2) ＿＿＿＿＿＿＿＿＿＿＿＿＿＿＿＿＿＿＿＿＿＿＿＿＿＿

3) ＿＿＿＿＿＿＿＿＿＿＿＿＿＿＿＿＿＿＿＿＿＿＿＿＿＿

Lección 15

¿Qué hora será?
¿Dónde estará mi gatito?
Mañana hará buen tiempo.
Me gustaría cenar contigo.

🎧2-24

---

1 直説法未来形 🎧2-25

活用 … 不定詞にそのまま活用語尾をつける。活用語尾はすべての動詞で(不規則動詞を含めて)共通。

hablar		comer		vivir	
hablaré	hablaremos	comeré	comeremos	viviré	viviremos
hablarás	hablaréis	comerás	comeréis	vivirás	viviréis
hablará	hablarán	comerá	comerán	vivirá	vivirán

☆ 不規則活用

① **e 脱落型** … 不定詞の語尾 -er の e が脱落する。

poder podré, podrás, podrá, podremos, podréis, podrán

querer querré, querrás, querrá, querremos, querréis, querrán

saber sabré, sabrás, sabrá, sabremos, sabréis, sabrán

haber habré, habrás, habrá, habremos, habréis, habrán

② **d 変化型** … 不定詞の語尾 -er / -ir の e / i が d に変化する。

tener tendré, tendrás, tendrá, tendremos, tendréis, tendrán

poner pondré, pondrás, pondrá, pondremos, pondréis, pondrán

salir saldré, saldrás, saldrá, saldremos, saldréis, saldrán

venir vendré, vendrás, vendrá, vendremos, vendréis, vendrán

③ **完全不規則**

hacer haré, harás, hará, haremos, haréis, harán

decir diré, dirás, dirá, diremos, diréis, dirán

用法

① **未来の事柄を表す。**

Mañana no **abrirán** la tienda.　明日、彼らは店を開かないだろう。

（≒Mañana no van a abrir la tienda.）

La próxima semana **iremos** al cine.　来週、私たちは映画館に行くつもりだ。

- 接続詞 si(英：if)で導かれる条件節では、未来形は使えず、現在形を用いる。

  Si llueve mañana, no **saldré** de compras.　もし明日雨が降れば、私は買い物に出かけないつもりだ。

② 現在の事柄の推量を表す。

  Zoe **estará** ocupada ahora.　ソエはいま忙しいだろう。

  cf. Zoe está ocupada ahora.　ソエはいま忙しい。

  ¿Qué hora es? —No sé. **Serán** como las siete.　「何時ですか？」「わかりません。7 時頃でしょう。」

  ※　como：およそ

A ▷ 以下の動詞を（　）内の主語に合わせて未来形に活用させましょう。

1. estar (yo) _____

2. dar (ella) _____

3. ser (usted) _____

4. ir (nosotros) _____

5. saber (él) _____

6. poder (ustedes) _____

7. tener (tú) _____

8. venir (vosotras) _____

9. hacer (ellas) _____

10. decir (ellos) _____

2　直説法過去未来形　∩2-26

活用　…　不定詞にそのまま活用語尾をつける。活用語尾はすべての動詞で(不規則動詞を含めて)共通。

hablar		comer		vivir	
hablaría	hablaríamos	comería	comeríamos	viviría	viviríamos
hablarías	hablaríais	comerías	comeríais	vivirías	viviríais
hablaría	hablarían	comería	comerían	viviría	vivirían

☆　不規則活用　…　すべての動詞で語根は未来形と同じ

① e 脱落型

poder　　podría, podrías, podría, podríamos, podríais, podrían

querer　　querría, querrías, querría, querríamos, querríais, querrían

saber　　sabría, sabrías, sabría, sabríamos, sabríais, sabrían

haber　　habría, habrías, habría, habríamos, habríais, habrían

② d 変化型

tener　　tendría, tendrías, tendría, tendríamos, tendríais, tendrían

poner　　pondría, pondrías, pondría, pondríamos, pondríais, pondrían

salir　　saldría, saldrías, saldría, saldríamos, saldríais, saldrían

venir　　vendría, vendrías, vendría, vendríamos, vendríais, vendrían

③ 完全不規則

hacer　　haría, harías, haría, haríamos, haríais, harían

decir　　diría, dirías, diría, diríamos, diríais, dirían

用法

① 過去のある時点から見た未来の事柄を表す。

Creíamos que no **abrirían** la tienda.　私たちは、彼らは店を開かないだろうと思っていた。

Le dije a mi madre que **iríamos** al cine.　私は、私たちは映画館に行くつもりだと母に言った。

② 過去の事柄の推量を表す。

Zoe **estaría** ocupada entonces.　ソエはその時は忙しかったのだろう。

　cf. Zoe estaba ocupada entonces.　ソエはその時は忙しかった。

Habría más de quinientas personas en la recepción.　レセプションには 500 人以上がいただろう。

③ 現在の願望・要求などを婉曲的に表す。

Querríamos hablar con el señor Muñoz.　私たちはムニョスさんと話したいのですが。

　cf. Queremos hablar con el señor Muñoz.　私たちはムニョスさんと話したい。

Me **gustaría** viajar por Sudamérica.　（私は）南米を旅行したいなあ。

※　動詞 gustar も過去未来形では婉曲的な願望を表す

Deberías estudiar un poco más.　君はもう少したくさん勉強すべきではないかな。

　cf. Debes estudiar un poco más.　君はもう少したくさん勉強すべきだ。

B ▷ 以下の動詞を（　）内の主語に合わせて過去未来形に活用させましょう。

1. estar (yo) ＿＿＿＿＿＿＿

2. dar (ella) ＿＿＿＿＿＿＿

3. ser (usted) ＿＿＿＿＿＿＿

4. ir (nosotros) ＿＿＿＿＿＿＿

5. saber (él) ＿＿＿＿＿＿＿

6. poder (ustedes) ＿＿＿＿＿＿＿

7. tener (tú) ＿＿＿＿＿＿＿

8. venir (vosotras) ＿＿＿＿＿＿＿

9. hacer (ellas) ＿＿＿＿＿＿＿

10. decir (ellos) ＿＿＿＿＿＿＿

1. 日本語に合うように、（　）内の動詞を未来形または過去未来形に活用させましょう。

1) (Verse: 　　　　　　　　) el próximo lunes.　私たちは来週の月曜日に会うつもりだ。

2) Me preguntaron si (pagar: 　　　　　　　　) con tarjeta.

　　　　　　　　　　　　　　私はカードで支払うつもりかどうかを尋ねられた。

3) ¿A qué hora (venir: 　　　　　　　) él?　彼は何時に来るのだろうか？

4) Hoy (hacer: 　　　　　　　) mucho calor en Málaga.　今日、マラガはとても暑いだろう。

5) ¿(Poder: 　　　　　　　) hacerle una pregunta?　--Sí, por supuesto.

　　　　　　　「（私はあなたに）ひとつ質問をしてもよろしいでしょうか？」「はい、もちろんです。」

2. 現在形の動詞を過去未来形に変え、婉曲的な表現を作りましょう。

1) Quiero ver a la señora Jiménez.

　　⇒ _____

2) No debes fumar tanto.　　※　tanto：そんなに（たくさん）

　　⇒ _____

3) ¿Puede usted abrir la ventana?

　　⇒ _____

3. スペイン語に訳しましょう。

1) 来週、私たちはそのテーマについて話す(hablar de ese asunto)つもりだ。

　　_____

2) ハイメ(Jaime)は結婚した時、40歳を過ぎていた(tener más de ...)だろう。

　　_____

3) このイヤホン(auriculares)はクララ(Clara)のものだろう。

　　_____

4) もし私があさって彼に会ったら、資料を渡す(entregar los datos)よ。

　　_____

5) 私はアルハンブラ宮殿(la Alhambra)を訪れてみたいなあ。(gustar を用いる)

　　_____

4. 音声を聴いて、全文を書きとりましょう。　∩2-27

　　1) _____

　　2) _____

　　3) _____

Nunca he visto nada igual.
Sabía que no me había equivocado.
¿Qué habrá pasado? # Lo veo muy contento.
¿Compró un castillo? # Habría ganado mucho.

🎧 2-28

1 ▶ 直説法現在完了形　🎧 2-29

活用 … <u>haber の現在形 + 過去分詞</u>　　　　動詞の完了形を作る場合、過去分詞は性数変化しない
(he / has / ha / hemos / habéis / han)

comer	
he comido	hemos comido
has comido	habéis comido
ha comido	han comido

levantarse	
me he levantado	nos hemos levantado
te has levantado	os habéis levantado
se ha levantado	se han levantado

再帰代名詞は **haber** の活用形の前に置く

用法 … 　現在とのつながりをつよく意識しながら過去の事柄を表す。

① **現在が含まれた時間帯を示す表現とともに用いる。**

(hoy［今日］/ esta semana［今週］/ esta mañana［今朝］など)

<u>Hoy</u> **me he levantado** tarde.　今日、私は寝坊した。　　※ levantarse tarde：寝坊する

<u>Esta mañana</u> mi padre me **ha llevado** en coche a la estación.

今朝、私の父は私を車で駅に送ってくれた。

② **現在における完了を表す。**　　　　　　　　　　**ya**（もう）/ **todavía**（まだ）をしばしば伴う

Ángela <u>todavía</u> no **ha leído** el libro.　アンヘラはまだその本を読んでいない。

¿Has comido <u>ya</u>? —No, <u>todavía</u> no.　「君はもう食事をとったかい？」「いや、まだとっていないよ。」

③ **現在までの経験を表す。**

nunca（一度も～ない）/ **una vez**（一度）/ **alguna vez**（英：**ever**）などをしばしば伴う

¿Han visitado ustedes <u>alguna vez</u> la catedral de Toledo? —No, no la **hemos visitado** <u>nunca</u>.

「あなた方はトレド大聖堂を訪れたことがありますか？」「いいえ、一度も訪れたことがありません。」

He estado <u>una vez</u> en Nueva York.　私は一度ニューヨークに行ったことがある。

🔍 **haber estado en ...**：～に行ったことがある（英：**have been to ...**）

A▷ 日本語に合うように、( ) 内の動詞を現在完了形に活用させましょう。

1. Los niños ya (acostarse:).　子どもたちはもう就寝した。

2. Este año (haber:) muchos tifones.　今年はたくさんの台風があった。

3. Mateo y yo (viajar:) dos veces por Europa.

マテオと私はヨーロッパを 2 度旅行したことがある。

2 　直説法過去完了形　🎧2-30

活用 … <u>haber</u> の線過去形 + 過去分詞

(había / habías / había / habíamos / habíais / habían)

comer		levantarse	
había comido	habíamos comido	me había levantado	nos habíamos levantado
habías comido	habíais comido	te habías levantado	os habíais levantado
había comido	habían comido	se había levantado	se habían levantado

用法 …　過去のある時点から見た過去の事柄を表す。

Cuando llegamos a la estación, el tren ya **había salido**.　私たちが駅に着いた時、電車はもう出ていた。

Yo no **había visto** una película española hasta entonces.

私は、その時までスペイン映画を観たことがなかった。

Creíamos que ya **te habías casado** con Alejandro.

私たちは、君はもうアレハンドロと結婚したと思っていた。

B▷ 日本語に合うように、( ) 内の動詞を過去完了形に活用させましょう。

1. Hasta entonces, yo no (subir:) a un barco.

その時まで私は船に乗ったことがなかった。

2. Cuando empezó a llover, Irene todavía no (llegar:) a casa.

雨が降りはじめた時、イレーネはまだ家に着いていなかった。

3. Mi marido me dijo que Bruno ya (hacer:) los deberes.

私の夫は、ブルーノはもう宿題をしたと私に言った。

3 直説法未来完了形 🎧2-31

活用 … <u>haber の未来形</u> + 過去分詞

(habré / habrás / habrá / habremos / habréis / habrán)

comer	
habré comido	habremos comido
habrás comido	habréis comido
habrá comido	habrán comido

levantarse	
me habré levantado	nos habremos levantado
te habrás levantado	os habréis levantado
se habrá levantado	se habrán levantado

用法

① 未来のある時点における完了を表す。

Claudia **habrá vuelto** a Japón para Navidad.

クラウディアはクリスマスまでには日本に戻っているだろう。

② 〈現在完了〉の推量を表す。

Ya **se habrán acostado** los niños.   もう子どもたちは就寝しただろう。

cf. Ya se <u>han acostado</u> los niños.   もう子どもたちは就寝した。

4 直説法過去未来完了形 🎧2-32

活用 … <u>haber の過去未来形</u> + 過去分詞

(habría / habrías / habría / habríamos / habríais / habrían)

comer	
habría comido	habríamos comido
habrías comido	habríais comido
habría comido	habrían comido

levantarse	
me habría levantado	nos habríamos levantado
te habrías levantado	os habríais levantado
se habría levantado	se habrían levantado

用法

① 過去のある時点から見た〈未来完了〉を表す。

Creía que Claudia **habría vuelto** a Japón para Navidad.

私は、クラウディアがクリスマスまでには日本に戻っているだろうと思っていた。

② 〈過去完了〉の推量を表す。

Cuando llegamos al aeropuerto, ya **se habrían acostado** los niños.

私たちが空港に着いた時、もう子どもたちは就寝していただろう。

cf. Cuando llegamos al aeropuerto, ya se <u>habían acostado</u> los niños.

私たちが空港に着いた時、もう子どもたちは就寝していた。

1. （ ）内の動詞を<u>点過去形または現在完了形</u>のうち、適切な時制に活用させましょう。

1) ¿(Estar:) usted alguna vez en Costa Rica?

　—No, no (estar:) nunca.

2) La semana pasada yo (ir:) de compras al centro.

※　ir de compras：ショッピングに行く

3) Juanito, ¿(despertarse:) ya? --Sí, mamá.

2. 日本語に合うように、（ ）内の動詞を<u>点過去形または過去完了形</u>に活用させましょう。

1) Inés no (ver:) la película hasta el mes pasado.

イネスは先月までその映画を観たことがなかった。

2) Cuando (levantarse:), mis padres ya (desayunar:).

私たちが起床した時、両親はもう朝食をとっていた。

3) Creía que (leer:) la novela.

私はその小説を読んだことがあると思っていた。

3. 日本語に合うように、（ ）内の動詞を<u>未来完了形または過去未来完了形</u>に活用させましょう。

1) (Terminar:) el trabajo para mañana.

私たちは明日までにその仕事を終えているだろう。

2) Sandra nos prometió que (hacer:) las tareas antes de salir de compras.

サンドラは、買い物に出かける前には宿題をしておくと私たちに約束した。

3) Cuando llamé a los señores Sánchez, ya (irse:) de viaje.

私がサンチェス夫妻に電話した時、彼らはすでに旅行に行ってしまっていたのだろう。

4. スペイン語に訳しましょう。

1)「君は今朝何時にシャワーを浴びたの？」「8 時に浴びたよ。」

_____

2)「君はトゥロン（el turrón）を試した（probar）ことがあるかい？」

　「いや、一度も試したことがないよ。」

_____

3) 私たちは大学に入った時、すでにスペイン語を 3 年勉強していた。

_____

5. 音声を聴いて、全文を書きとりましょう。 ∩2-33

1) _____

2) _____

3) _____

Lección 17

Creo que volvemos pronto.
No creo que volvamos pronto.
Es verdad que el amor lo cambia todo.
Es posible que el amor lo cambie todo.

🎧 2-34

---

1 直説法と接続法 🎧 2-35

- **直説法** … 主節・従属節の両方で現れる。

  従属節では、話し手や主節の主語が事実として認識したことを表す。

  <u>Creo</u> que Natalia **habla** japonés.　私は、ナタリアは日本語を話すと思う。

  ※ 主節の主語「私」は、従属節の内容「ナタリアは日本語を話す」を事実として認識している ⇒ 従属節：直説法

  <u>Es verdad</u> que sus padres **viven** en Tenerife.　彼の両親がテネリフェに住んでいるのは本当だ。

  ※ 話し手は、従属節の内容「彼の両親がテネリフェに住んでいる」を事実として認識している ⇒ 従属節：直説法

- **接続法** … おもに従属節で現れる。

  話し手や主節の主語が頭のなかで想定したことを表す。

  No creo que Natalia **hable** japonés.　私は、ナタリアが日本語を話すとは思わない。

  ※ 主節の主語「私」は、従属節の内容「ナタリアは日本語を話す」を頭のなかで想定しているにすぎない（そして、それを否定している）⇒ 従属節：接続法

  Es posible que sus padres **vivan** en Tenerife.　彼の両親はテネリフェに住んでいるのかもしれない。

  ※ 話し手は、従属節の内容「彼の両親はテネリフェに住んでいる」を頭のなかで想定しているにすぎない（そして、それを可能性として提示している）⇒ 従属節：接続法

2 接続法現在形　活用

hablar	
habl**e**	habl**emos**
habl**es**	habl**éis**
habl**e**	habl**en**

comer	
com**a**	com**amos**
com**as**	com**áis**
com**a**	com**an**

vivir	
viv**a**	viv**amos**
viv**as**	viv**áis**
viv**a**	viv**an**

☆ **つづり調整型** … 以下の語末をもつ動詞は、音としては規則どおりに活用するが、音に合うようにつづりを調整する。

・ **-car 型** buscar busque, busques, busque, busquemos, busquéis, busquen

※ 〈ケ〉音を出すために ce ⇒ que

・ **-gar 型** llegar llegue, llegues, llegue, lleguemos, lleguéis, lleguen

※ 〈ゲ〉音を出すために ge ⇒ gue

☆ **不規則活用**

① **語根母音変化型** … 直説法現在形で不規則活用(語根母音変化型)をとる動詞。
接続法現在形では、–ir 動詞の 1 人称複数形と 2 人称複数形でも語根の母音が変化する。

・ **e → ie 型** ※ –ir 動詞の 1 人称複数形と 2 人称複数形では、e → i

cerrar	
cierre	cerremos
cierres	cerréis
cierre	cierren

querer	
quiera	queramos
quieras	queráis
quiera	quieran

sentir	
sienta	sintamos
sientas	sintáis
sienta	sientan

pensar piense, pienses, piense, pensemos, penséis, piensen
entender entienda, entiendas, entienda, entendamos, entendáis, entiendan
preferir prefiera, prefieras, prefiera, prefiramos, prefiráis, prefieran
nevar ----, ----, nieve, ----, ----, ----
sentarse me siente, te sientes, se siente, nos sentemos, os sentéis, se sienten
empezar empiece, empieces, empiece, empecemos, empecéis, empiecen

※ 文字表記の規則により、ze ⇒ ce

・ **o → ue 型** ※ –ir 動詞の 1 人称複数形と 2 人称複数形では、o → u

encontrar	
encuentre	encontremos
encuentres	encontréis
encuentre	encuentren

poder	
pueda	podamos
puedas	podáis
pueda	puedan

dormir	
duerma	durmamos
duermas	durmáis
duerma	duerman

contar cuente, cuentes, cuente, contemos, contéis, cuenten
volver vuelva, vuelvas, vuelva, volvamos, volváis, vuelvan
morir muera, mueras, muera, muramos, muráis, mueran
llover ----, ----, llueva, ----, ----, ----

・ **e → i 型** ※ すべて –ir 動詞。1 人称複数形と 2 人称複数形でも、e → i

pedir	
pida	pidamos
pidas	pidáis
pida	pidan

servir	
sirva	sirvamos
sirvas	sirváis
sirva	sirvan

repetir	
repita	repitamos
repitas	repitáis
repita	repitan

· **u → ue** 型   ※ jugar のみ

jugar   jue<u>gue</u>, jue<u>gue</u>s, jue<u>gue</u>, jugu<u>emos</u>, jugu<u>éis</u>, jue<u>guen</u>

※ 〈ゲ〉音を出すために g<s>e</s> ⇒ gue

② そのほか

· **グループ1** … 〈直説法現在形の1人称単数形から −o を除いたもの〉を語根とし、共通の活用語
尾（-a, -as, -a, -amos, -áis, -an）をもつ動詞。

hacer		conocer		ver	
直説法現在形1・単 hag<s>o</s>		直説法現在形1・単 conozc<s>o</s>		直説法現在形1・単 ve<s>o</s>	
hag**a**	hag**amos**	conozc**a**	conozc**amos**	ve**a**	ve**amos**
hag**as**	hag**áis**	conozc**as**	conozc**áis**	ve**as**	ve**áis**
hag**a**	hag**an**	conozc**a**	conozc**an**	ve**a**	ve**an**

salir（salg<s>o</s>）   salga, salgas, salga, salgamos, salgáis, salgan

poner（pong<s>o</s>）   ponga, pongas, ponga, pongamos, pongáis, pongan

traer（traig<s>o</s>）   traiga, traigas, traiga, traigamos, traigáis, traigan

tener（teng<s>o</s>）   tenga, tengas, tenga, tengamos, tengáis, tengan

venir（veng<s>o</s>）   venga, vengas, venga, vengamos, vengáis, vengan

decir（dig<s>o</s>）   diga, digas, diga, digamos, digáis, digan

oír（oig<s>o</s>）   oiga, oigas, oiga, oigamos, oigáis, oigan

· **グループ2** （完全不規則）

ser   sea, seas, sea, seamos, seáis, sean

estar   esté, estés, esté, estemos, estéis, estén

haber   haya, hayas, haya, hayamos, hayáis, hayan

ir   vaya, vayas, vaya, vayamos, vayáis, vayan

saber   sepa, sepas, sepa, sepamos, sepáis, sepan

dar   dé, des, dé, demos, deis, den

A▷ 以下の動詞を ( ) 内の主語に合わせて接続法現在形に活用させましょう。

1. ayudar (yo) ＿＿＿＿＿＿＿

2. beber (tú) ＿＿＿＿＿＿＿

3. escribir (ella) ＿＿＿＿＿＿＿

4. buscar (nosotros) ＿＿＿＿＿＿＿

5. apagar (vosotras) ＿＿＿＿＿＿＿

6. sentarse (ellos) ＿＿＿＿＿＿＿

7. poder (yo) ＿＿＿＿＿＿＿

8. repetir (tú) ＿＿＿＿＿＿＿

9. jugar (él) ＿＿＿＿＿＿＿

10. hacer (nosotras) ＿＿＿＿＿＿＿

11. tener (vosotros) ＿＿＿＿＿＿＿

12. ser (ellas) ＿＿＿＿＿＿＿

13. irse (yo) ＿＿＿＿＿＿＿

14. estar (usted) ＿＿＿＿＿＿＿

15. dar (ustedes) ＿＿＿＿＿＿＿

Práctica

1. 日本語に合うように、（　）内の動詞を<u>直説法または接続法の現在形</u>に活用させましょう。

1) No creo que (hacer:) mal tiempo mañana.　私は、明日悪い天気になるとは思わない。

2) ¿Sabes que (casarse:) con ella?　私が彼女と結婚することを知っているかい？

3) Me parece que ya no (venir:).　私には、彼はもう来ないように思える。

4) No me parece que tú (estudiar:) suficiente.
　　　　　　　　　　　　私には、君が十分に勉強しているようには思えない。

5) No pensamos que ahora (ser:) el momento oportuno.
　　　　　　　　　　　　　私たちは、いまが適切な時期であるとは思わない。

2. 主節の動詞に否定の **no** をつけて、文全体を書きあらためましょう。

1) Creo que Emilio está leyendo en la biblioteca.
　　　　　　　　　　　　　　　　私は、エミリオは図書館で読書しているところだと思う。

  ⇒ No _____.

2) Estoy seguro de que tú conoces a Agustina.
　　　　　　　　　　　　私は、君がアグスティーナを知っていると確信している。
　　　　　　　　　　※　estar seguro de que ... : 〜と確信している

  ⇒ No _____.

3) Es verdad que siempre llego tarde a la cita.　私がいつも約束に遅刻するのは本当だ。

  ⇒ No _____.

3. スペイン語に訳しましょう。

1) 私は、マルコ (Marco) とマテオ (Mateo) がここに座るとは思わない。

_____

2) ルカス (Lucas) に彼女 (novia) がいるというのは、本当ではない。

_____

3) 私たちは、たくさんのひと (gente) が来るとは考えていない。

_____

4) 君が正しい (tener razón) のは明らか (evidente) だ。

_____

5) 私には、彼らが犬猿の仲だ (ser como perro y gato) とは思えない。

_____

4. 音声を聴いて、全文を書きとりましょう。　🎧2-36

1) _____

2) _____

3) _____

Lección 18

Espero que todo vaya bien.
No puede existir desarrollo sin que exista paz.
¡Que vivan los novios!
¡Ojalá no llueva mañana!

🎧2-37

1 接続法現在形　用法 I：従属節で用いる　🎧2-38

接続法はおもに従属節（名詞節、関係節、副詞節）で用いる。

① 従属節が名詞節 … 　主節 ：〈願望〉〈要求〉〈否定〉〈可能性〉〈価値判断〉〈感情〉などを表す

↓

従属節：接続法を用いる

・ 願望　Deseo que **estudies** italiano el año próximo.

私は、君が来年イタリア語を勉強することを願っている。

Esperamos que **haga** buen tiempo mañana.　私たちは、明日よい天気であることを期待している。

接続法では未来の事柄も現在形で表す

・ 要求　La maestra les pide que **digan** la verdad.　先生は彼らに真実を言うように求める。

El jefe me dice que **viaje** por negocios.　上司は私に出張するように言っている。

※　viajar por negocios：出張する

cf. El jefe me dice que trabajo demasiado.　上司は私に働きすぎていると言う。

「～であると言う」⇒ 直説法
「～するように言う」⇒ 接続法

・ 否定　No creo que Juan **esté** en casa.　私は、フアンが家にいるとは思わない。

No es cierto que el avión **llegue** a tiempo.　飛行機が時間どおりに着くのは確かではない。

cf. Es cierto que el avión llega a tiempo.　飛行機が時間どおりに着くのは確かだ。

・ 可能性　Es posible que **lleguemos** a un acuerdo.　私たちが合意に達することは可能だ。

Es imposible que **empecemos** la reunión ahora mismo.

私たちがいますぐに会議をはじめるのは不可能だ。

・ 価値判断　Es necesario que **escuches** español todos los días.　君は毎日スペイン語を聴くことが必要だ。

Es mejor que **vayas** a pie.　君は徒歩で行った方がいいよ。

・ 感情　Temo que **perdáis** el tren.　私は、君たちが電車を逃すことをおそれている。

Me alegro de que **puedas** venir a la fiesta.　私は、君がパーティーに来られることを喜んでいる。

※　alegrarse de que 接続法：～を喜ぶ

② **従属節が関係節** … 先行詞：〈不特定〉〈否定〉を表す

↓

従属節：接続法を用いる

- **不特定**　Busco una casa que no **sea** tan cara.　私はそれほど高くない家を1軒探している。

cf. Conozco una casa que no es tan cara.　私はそれほど高くない家を1軒知っている。

先行詞が話し手にとって〈不特定〉である場合、関係節では接続法を用いる

¿Hay alguien que **sepa** la verdad?　真実を知っているようなひとは誰かいるかい？

- **否定**　No hay ningún estudiante que **llegue** tarde a clase.　授業に遅刻するような学生は誰もいない。

No he encontrado a nadie que **hable** portugués.

私は、ポルトガル語を話すようなひとを誰も見つけられなかった。

③ **従属節が副詞節** … 従属節：〈未実現〉〈目的〉〈否定〉〈条件〉〈譲歩〉などを表す

↓

従属節：接続法を用いる

- **未実現**　Cuando **llegue** a la universidad, te llamaré.　大学に着いたら、君に電話するつもりだよ。

cf. Cuando llegué a la universidad, te llamé.　私は大学に着いた時、君に電話した。

Siempre que llego a la universidad, te llamo.　私は大学に着くといつも、君に電話する。

※　siempre que 直説法：〜するといつも

〈時〉の副詞節が〈実現した〉〈実現している〉ことを表す ⇒ 直説法
〈実現していない〉ことを表す ⇒ 接続法

Vamos a partir en cuanto **amanezca**.　夜が明けたらすぐに出発しよう。

※　en cuanto：〜するとすぐに

- **目的**　Acabo de abrir la ventana para que **entre** el aire fresco.

私は、爽やかな空気が入るように窓を開けたところだ。

Alma piensa escribirte un email a fin de que la **ayudes** en su proyecto.

アルマは彼女のプロジェクトで手伝ってもらうために、君にメールを書こうと考えている。

※　a fin de que 接続法：〜するために

- **否定**　Mi hijo estudia sin que yo se lo **mande**.　息子は、私が（彼にそれを）命じなくても勉強する。
- **条件**　Saldré contigo a condición de que no me **seas** infiel.　私は、浮気しないのなら君とつきあうよ。

※　salir con ...：〜と交際する　　※　a condición de que 接続法：〜するという条件で

En caso de que no **tengáis** permiso del profesor, no podéis entrar.

先生の許可を得ていないのなら、君たちは入れないよ。

※　en caso de que 接続法：〜である場合には

接続詞 **si** で導かれる〈条件〉の副詞節では、直説法未来形や接続法現在形は使えず、直説法現在形を用いる
Mañana iré a la playa si hace buen tiempo.　天気がよければ、明日私はビーチに行くつもりだ。

- 譲歩　Aunque **llueva** mañana, saldremos de compras.

> 明日雨が降ったとしても、私たちは買い物に出かけるつもりだ。

cf. Aunque <u>llueve</u>, saldremos de compras.

> 雨が降っているが、私たちは買い物に出かけるつもりだ。

> 接続詞 **aunque** で導かれる副詞節が〈逆接（～であるが）〉を表す ⇒ 直説法
> 〈譲歩（～としても）〉を表す ⇒ 接続法

A ▷ 日本語に合うように、（　）内の動詞活用形から正しいものを選びましょう。

1. Tenemos miedo de que el examen (es / sea) difícil.　私たちは、試験が難しいことをおそれている。

2. Siempre charlamos en la cafetería cuando (terminamos / terminemos) el trabajo.

> 私たちは仕事を終えると、いつもカフェテリアでお喋りする。

3. Quiero vivir en un país donde (llueve / llueva) poco.　私は、あまり雨が降らないような国に住みたい。

2　接続法現在形　用法 II：主節で用いる　🎧2-39

接続法は願望文や疑惑文では主節で用いる。

① 願望文　…　「～でありますように」

- 〈**Que** 接続法現在形〉

  ¡Que **te mejores** pronto!　君が早くよくなりますように！　　※　mejorarse：（病人が）よくなる

- 〈**Ojalá**（**que**）接続法現在形〉

  ¡Ojalá me **toque** la lotería!　私に宝くじが当たりますように！

  ¡Ojalá que me **toque** la lotería!

② 疑惑文　…　「たぶん～だろう」

- 〈**quizá / quizás / tal vez / posiblemente** 接続法現在形〉

  Quizá Federico **esté** resfriado.　たぶんフェデリコは風邪をひいているのだろう。

  Tal vez la próxima semana no **venga** nadie.　たぶん来週は誰も来ないだろう。

  cf. Quizá Federico <u>está</u> resfriado.　たぶんフェデリコは風邪をひいているのだろう。

  Tal vez la próxima semana no <u>vendrá</u> nadie.　たぶん来週は誰も来ないだろう。

> 話し手の確信度が高い ⇒ 直説法
> 低い ⇒ 接続法

B ▷ 日本語に合うように、（　）内の動詞活用形から正しいものを選びましょう。

1. ¡Que (tienes / tengas) suerte!　君が幸運に恵まれますように！

2. ¿Qué (tiene / tenga) usted?　あなたは何を持っているのですか？

3. ¡Ojalá (apruebo / apruebe)!　（私が）合格しますように！

1. 日本語に合うように、（　）内の動詞を直説法または接続法の現在形に活用させましょう。

1) Quiero que me (ayudar:). 　私は君に手伝ってほしい。

2) Es bueno que (hacer:) ejercicio antes de la cena.

                          君たちが夕食前に運動をするのはよいことだ。

3) No tengo ningún conocido que (saber:) alemán.

              私にはドイツ語を知っているような知り合いは誰もいない。

4) Tenemos una lavadora que (gastar:) poca agua.

                  私たちはあまり水を消費しない洗濯機をもっている。

5) ¿Puedes venir a buscarme cuando (llegar:) a la estación?

                  私が駅に着いたら、迎えに来てもらえるかい？

6) En caso de que (llover:), iremos en taxi.

                  雨が降っていれば、私たちはタクシーで行きましょう。

7) Cuando (comer:), siempre veis la televisión.

                  君たちは食事する時、いつもテレビを観ている。

8) Si (querer:), te acompañaré hasta el aeropuerto. 　君が望むなら、空港までついていくよ。

9) Iré aunque (nevar:). 　私は雪が降ったとしても行くつもりだ。

10) ¡Ojalá mañana no (haber:) clases! 　明日、授業がありませんように！

2. スペイン語に訳しましょう。

1) 私はあまりガソリンを消費しないような車を買いたい。

  _____

2) あなたがおっしゃることを私たちがよく理解できるように(para que ...)、もう少し大きな声で話して
(hablar un poco más alto)いただけるでしょうか？(¿Podría usted ...? ではじめる)

  _____

3) 私たちがベストを尽くす(hacer todo lo posible)ことはとても重要だ。(Es muy importante que ...
ではじめる)

  _____

4) 君が好きな(querer)時に電話してくれていいよ。(Puedes ... ではじめる)

  _____

5) あした天気になあれ！(¡Ojalá ...! ではじめる)

  _____

3. 音声を聴いて、全文を書きとりましょう。　🎧2-40

1) _____

2) _____

3) _____

Lección 19

Viva la vida.
Sígueme.
¡Levántate y pon manos a la obra!
No me lo digas.
Espero que te haya gustado.

🎧 2-41

1 命令文

命令文には肯定命令文と否定命令文がある。

主語（命令の対象）は tú / usted / nosotros / vosotros / ustedes のいずれか。

主語（命令の対象）	肯定命令	否定命令
tú	～しなさい	～しないで
usted	～してください	～しないでください
nosotros	～しよう	～しないでおこう
vosotros	～しなさい	～しないで
ustedes	～してください	～しないでください

命令文の〈命令〉のニュアンスは強くも弱くもなり、〈依頼〉や〈勧誘〉を表すこともある

2 肯定命令文 🎧 2-42

動詞の活用 … 原則として接続法現在形を用いるが、tú と vosotros に対する命令の場合は異なる。

(接続法現在形 → Lección 17)

		nosotros	接続法現在形
tú	直説法現在形（3・単） ※ 例外あり	vosotros	不定詞語末 r ⇒ d
usted	接続法現在形	ustedes	接続法現在形

☆ **tú に対する命令の場合** … 直説法現在形の 3 人称単数形を用いる。

hablar ⇒ habl**a** / comer ⇒ com**e** / escribir ⇒ escrib**e**

empezar ⇒ empiez**a** / dormir ⇒ duerm**e** / repetir ⇒ repit**e**

・ **例外** … 特殊な活用形をもつ。

poner ⇒ **pon** / salir ⇒ **sal** / decir ⇒ **di** / tener ⇒ **ten**

venir ⇒ **ven** / ir ⇒ **ve** / hacer ⇒ **haz** / ser ⇒ **sé**

☆ **vosotros に対する命令の場合** … 不定詞の語末 r を d に変える。

hablar ⇒ habla**d** / comer ⇒ come**d** / escribir ⇒ escribi**d**

empezar ⇒ empeza**d** / dormir ⇒ dormi**d** / repetir ⇒ repeti**d**

用法

Habla español en clase. （君、）授業ではスペイン語を話しなさい。

Ten cuidado. （君、）気をつけて。

Escriba su nombre aquí, por favor. （あなた、）ここに名前を書いてください。

Abramos las ventanas. （私たちは）窓を開けよう。（= <u>Vamos a abrir</u> las ventanas.）

Estudiad todos los días. （君たち、）毎日勉強しなさい。

Lean este artículo. （あなた方、）この記事を読んでください。

☆ **目的格人称代名詞と再帰代名詞の位置** … つねに動詞の後ろにつなげる。

¿Todavía no has acabado los deberes? **Haz**los inmediatamente.

まだ君は宿題を終えていないの？（君、）すぐにそれをしなさい。

・ 動詞の本来のアクセント位置を維持するためにアクセント記号をつける場合がある。

Páseme la sal, por favor. （あなた、）私に塩を渡してください。

Tenemos que saber la verdad. **Decíd**nosla.

私たちは本当のことを知らなくてはならない。（君たち、）それを私たちに言ってくれ。

Levántate ahora mismo. （君、）いますぐに起きなさい。

Siéntense en la primera fila, por favor. （あなた方、）最前列に座ってください。

・ 再帰動詞の nosotros に対する肯定命令形では、再帰代名詞の前の s が脱落する

Duchémonos. （私たちは）シャワーを浴びよう。（× Duchémosnos.）

・ 再帰動詞の vosotros に対する肯定命令形では、再帰代名詞の前の d が脱落する

Acostaos ya. （君たち、）もう寝なさい。（× Acostados.）

3 **否定命令文** 🎧2-43

動詞の活用 … 接続法現在形を用いる。

		nosotros	接続法現在形
tú	接続法現在形	vosotros	接続法現在形
usted	接続法現在形	ustedes	接続法現在形

用法 … 語順は通常の否定文と同じ。

No **dejes** la llave aquí. （君、）ここに鍵を置いておかないで。

No **comamos** demasiado. （私たちは）食べすぎないでおこう。

No **uséis** el móvil en clase. （君たち、）授業では携帯電話を使ってはいけないよ。

Voy a revisar este informe esta noche. No se lo **mande** todavía, por favor.

今晩、私はこの報告書を見直すつもりです。（あなた、）まだ彼にそれを送らないでください。

No **te preocupes**. （君、）心配しないで。

No **se pongan** de pie, por favor. （あなた方、）立ちあがらないでください。

※ ponerse de pie：立ちあがる

1. (Venir:) conmigo. （君、）私と来て。

2. (Subir:) por la escalera, por favor. （あなた、）階段で上がってください。

3. (Volver:) antes de las seis, por favor. （あなた方、）6 時前には戻ってください。

4. Paco, (sentarse:) aquí. パコ、（君は）ここに座って。

5. No (irse:) tan de prisa. （君、）そんなに急いで行かないで。

※ tan：そんなに ※ de prisa：急いで

4 接続法現在完了形 ♪2-44

活用 … haber の接続法現在形 + 過去分詞
(haya / hayas / haya / hayamos / hayáis / hayan)

comer	
haya comido	hayamos comido
hayas comido	hayáis comido
haya comido	hayan comido

levantarse	
me haya levantado	nos hayamos levantado
te hayas levantado	os hayáis levantado
se haya levantado	se hayan levantado

用法 … 〈現在〉〈未来のある時点〉における完了や経験を表す（直説法の現在完了形・未来完了形に相当）。

Me alegro de que **hayas venido** a verme.

私は、君が私に会いに来てくれたことを喜んでいる。（現在における完了）

En esta clase no hay ningún estudiante que **haya estado** en Colombia.

このクラスには、コロンビアに行ったことがあるような学生は誰もいない。（現在における経験）

En cuanto **hayamos terminado** la reunión, vamos a salir de copas.

会議を終えたらすぐに、飲みに出かけよう。（未来のある時点における完了）

B 日本語に合うように、（ ）内の動詞を接続法現在完了形に活用させましょう。

1. No creo que ya (llegar:) a casa.

私は、彼らがもう家に着いたとは思わない。

2. ¿Hay alguien que (ver:) esta película?

この映画を観たことがある人は誰かいますか？

3. Aunque (ponerse:) el sol, seguiremos andando.

太陽が沈んでしまったとしても、私たちは歩きつづけるつもりだ。

※ seguir + 現在分詞：～し続ける

1. 以下の命令文の下線部を代名詞に変え、文全体を書きあらためましょう。

1) Ponga la maleta aquí. （あなた、）スーツケースをここに置いてください。

_____

2) Lleva estos documentos a Leticia. （君、）これらの書類をレティシアに持っていって。

_____

3) Lavaos las manos. （君たち、）手を洗って。　　※　目的格人称代名詞は再帰代名詞の後ろに置く

_____

2. 以下の肯定命令文を no ではじまる否定命令文に変えましょう。

1) Esperadme. （君たち、）私を待って。

⇒ No _____ .

2) Quítense los zapatos, por favor. （あなた方、）靴を脱いでください。

⇒ No _____ .

3) Ven aquí. （君、）こっちに来て。

⇒ No _____ .

3. スペイン語に訳しましょう。

1) （私たちは）ここには座らないでおこう。

_____

2) （あなた方、）現金で(en efectivo)支払ってください。(..., por favor. で終える)

_____

3) （君、）まだ行かないで(irse)。

_____

4) （君たち、）入って、入って(pasar)。

_____

5) 私は、君がもうよくなったことを期待している。

_____

4. 音声を聴いて、全文を書きとりましょう。　🎧2-45

1) _____

2) _____

3) _____

Lección 20

Si yo fuera rico...
Si tuvieras corazón, no me lo harías.
Yo no podría vivir sin ti.
Como si fuera la primera vez.

※ como si 接続法過去形：〜であるかのように

🎧 2-46

1 接続法過去形 🎧 2-47

活用(-ra 形) … 〈直説法点過去形の 3 人称複数形から -ron を除いたもの〉を語根とし、活用語尾をつける。活用語尾はすべての動詞で（不規則動詞を含めて）共通。

hablar		comer		vivir	
直説法点過去形 3・複 hablaron		直説法点過去形 3・複 comieron		直説法点過去形 3・複 vivieron	
hablara	habláramos	comiera	comiéramos	viviera	viviéramos
hablaras	hablarais	comieras	comierais	vivieras	vivierais
hablara	hablaran	comiera	comieran	viviera	vivieran

pedir (pidieron)	pidiera, pidieras, pidiera, pidiéramos, pidierais, pidieran
dormir (durmieron)	durmiera, durmieras, durmiera, durmiéramos, durmierais, durmieran
tener (tuvieron)	tuviera, tuvieras, tuviera, tuviéramos, tuvierais, tuvieran
estar (estuvieron)	estuviera, estuvieras, estuviera, estuviéramos, estuvierais, estuvieran
haber (hubieron)	hubiera, hubieras, hubiera, hubiéramos, hubierais, hubieran
decir (dijeron)	dijera, dijeras, dijera, dijéramos, dijerais, dijeran
ser / ir (fueron)	fuera, fueras, fuera, fuéramos, fuerais, fueran
dar (dieron)	diera, dieras, diera, diéramos, dierais, dieran

接続法過去形(-se 形) … 接続法過去形のもうひとつの活用形。-ra 形の活用語尾の -ra の部分を -se に変えたもの（たとえば動詞 hablar の場合、**hablase, hablases, hablase, hablásemos, hablaseis, hablasen**）。用法は -ra 形とほぼ同じ

用法 … ① 過去の事柄を表す（直説法の点過去形・線過去形に相当）。

② 過去のある時点から見た未来の事柄を表す（直説法過去未来形に相当）。

Me sorprende que anoche **bebieras** tanto.

私は、昨晩君がそんなに飲んだことに驚いている。（直説法点過去形に相当）

※ sorprender：驚かせる

Queríamos comprar una casa que **estuviera** cerca de la estación.

私たちは、駅の近くにあるような家を買いたかった。（直説法線過去形に相当）

cf. Queríamos comprar aquella casa que estaba cerca de la estación.

私たちは、駅の近くにあるあの家を買いたかった。

No creía que Santiago me **llamara** más tarde.

サンティアゴがあとで私に電話してくれるとは思っていなかった。（過去のある時点から見た未来の事柄）

A ▶以下の動詞を（ ）内の主語に合わせて接続法過去形(**-ra** 形でも **-se** 形でも可)に活用させましょう。

1. estudiar (ustedes) _____   6. poder (yo) _____

2. beber (vosotros) _____   7. poner (ellos) _____

3. escribir (nosotras) _____   8. decir (ella) _____

4. pedir (usted) _____   9. ir (él) _____

5. dormir (tú) _____   10. dar (ellas) _____

2 接続法過去完了形 🎧2-48

活用(-ra 形) … haber の接続法過去形(-ra 形) + 過去分詞

(hubiera / hubieras / hubiera / hubiéramos / hubierais / hubieran)

-se 形 … （**hubiese / hubieses / hubiese / hubiésemos / hubieseis / hubiesen**）+ 過去分詞

comer		levantarse	
hubiera comido	hubiéramos comido	me hubiera levantado	nos hubiéramos levantado
hubieras comido	hubierais comido	te hubieras levantado	os hubierais levantado
hubiera comido	hubieran comido	se hubiera levantado	se hubieran levantado

用法 … ① 過去のある時点における完了や経験を表す（直説法過去完了形に相当）。

② 過去のある時点から見た〈未来完了〉を表す（直説法過去未来完了形に相当）。

Los padres estaban muy contentos de que su hija **hubiera recibido** un premio.

両親は、娘が受賞したことをとても喜んでいた。（過去のある時点における完了）

※ estar contento de que 接続法：〜を喜んでいる

No conocía a nadie que **hubiera probado** el tequila.

私は、テキーラを試したことがあるようなひとを誰も知らなかった。（過去のある時点における経験）

Esperábamos a Matías hasta que **hubiera terminado** de escribir su trabajo.

私たちは、レポートを書きおえてしまうまでマティアスを待っていた。（過去のある時点から見た〈未来完了〉）

B ▷ 日本語に合うように、（ ）内の動詞を<u>接続法の過去形または過去完了形</u>に活用させましょう。

1. Era imposible que le (tocar:　　　　　　　　　) la lotería a mi padre.

　　　　　　　　　私の父に宝くじが当たったというのは、あり得ないことだった。

2. Me sorprendió que (vivir:　　　　　　　　　) tan lejos de la universidad.

　　　　　　　　　私は、君が大学からこれほど遠くに住んでいることに驚いた。

3. Entonces no tenía ningún conocido que (saber:　　　　　　　　　) ruso.

　　　　　　　　その頃、私にはロシア語を知っているような知りあいは誰もいなかった。

3 　条件文と仮定文　🎧2-49

① 　**条件文** … 現実的な条件とその帰結を表す。

Si **estudias** mucho, **podrás** pasar el examen.　たくさん勉強すれば、君は試験に合格できるだろう。

② 　**仮定文** … 非現実的な仮定とその帰結を表す。

・〈**Si** 接続法過去形 **,** 直説法過去未来形.〉 … 現在または未来の実現しないであろう仮定とその帰結

　　Si yo **fuera** un pájaro, **volaría** hasta ti.　私が鳥だったら、君のところまで飛んでいくだろう。

　　Yo en tu lugar, no **trabajaría** hoy.　私が君の立場にいたら、今日は働かないだろう。

　　　　　　　　　　　　　　　　　　※ yo en tu lugar：私が君の立場にいたら

・〈**Si** 接続法過去完了形 **,** 直説法過去未来完了形.〉 … 過去の実現しなかった仮定とその帰結

　　Si **hubiera salido** de casa diez minutos antes, no **habría llegado** tarde a clase.

　　　　　　　　　もう10分前に家を出ていたら、私は授業に遅刻していなかっただろう。

　　No **nos habríamos conocido** si no **hubiéramos empezado** a estudiar español.

　　　　　　　　　スペイン語を勉強しはじめていなかったら、私たちは知りあっていなかっただろう。

　　Si no **hubiéramos perdido** el tren, **estaríamos** en Zaragoza ahora.

　　　　　　　　　電車を逃していなかったら、私たちはいまサラゴサにいるだろう。

　　　帰結節に〈直説法過去未来形〉を用いて〈現在・未来の帰結〉を表すことも可能

C ▷ 日本語に合うように、（ ）内の動詞活用形から正しいものを選びましょう。

1. Si (vinieras / hubieras venido) a la fiesta, te (presentaría / habría presentado) a mi novio.　君がパーティに来ていたら、私は君に彼氏を紹介していただろう。

2. Si no (hubiera / hubiera habido) agua, no (podríamos / habríamos podido) vivir.

　　　　　　　　　水がなかったら、私たちは生きられないだろう。

3. Si (tenéis / tengáis) hambre, os prepararé el desayuno.

　　　　　　　　おなかが空いていれば、私は君たちに朝食を準備するつもりだよ。

Práctica

1. 日本語に合うように、（ ）内の動詞を直説法線過去形または接続法過去形に活用させましょう。

1) Era necesario que (dormir:) más. 彼らはもっと眠ることが必要だった。

2) Ayer encontré a un chico que (soñar:) con ser astronauta.
昨日私は、宇宙飛行士になることを夢見る男の子と出会った。

3) ¿Qué pasaría si (ser:) inmortales? 私たちが不死になったら、何が起こるだろうか？

2. 日本語に合うように、（ ）内の動詞を接続法の過去形または過去完了形に、[ ] 内の動詞を直説法の過去未来形または過去未来完了形に活用させましょう。

1) No [salir:] de casa si me (avisar:) de antemano.
君が前もって知らせてくれていたら、私は外出しなかっただろう。

2) Si (poder:) hacer brujerías, ¿qué [hacer:]?
魔法が使えたら、私は何をするだろう？

3) Si la nariz de Cleopatra (ser:) más corta, toda la faz de la tierra [cambiar:].
クレオパトラの鼻がもっと短かったら、地上の表情は一変していただろう。

4) Si no (ir:) al concierto, ahora no [estar:] casados.
私がそのコンサートに行っていなかったら、いま私たちは結婚していないだろう。

5) Yo que tú, [levantarse:] a las cuatro de la madrugada.
私が君だったら、明け方の4時に起きていただろう。

※ yo que tú：私が君だったら

3. スペイン語に訳しましょう。

1) 君が僕の彼女だったら、クリスマスに (en Navidad) 何を贈ってほしい？ (¿Qué ...? ではじめる)

_____

2) その頃にもっとお金があったら、私は南米 (Sudamérica) を旅行していただろう。

_____

3) 当時、私たちはチリにいったことがあるようなひとを誰も知らなかった。(Entonces ではじめる)

_____

4) 私の祖父は、私がこの大学に入る (ingresar en ...) ことを期待していた。

_____

5) 太陽がなかったら、地球上に (en la Tierra) 生命は存在しないだろう。(Sin el Sol, ... ではじめる)

_____

4. 音声を聴いて、全文を書きとりましょう。 🎧2-50

1) _____

2) _____

3) _____

語彙リスト　本書で使われている単語および A1・A2（CEFR）レベルの単語

動詞

abrir	開く、開ける	casarse	結婚する
acabar	終える、終わる	celebrarse	開催される、祝われる
acompañar	（人と）一緒に行く、（人に）付き添う	cenar	夕食をとる
acostarse	寝る、横たわる	cerrar	閉める、閉じる
alegrarse	喜ぶ、嬉しく思う	charlar	おしゃべりをする
alquilarse	賃貸しされる	comer	食べる
amanecer	夜が明ける	comprar	買う
amar	愛する	comprender	理解する
andar	歩く	conducir	運転する、導く
apagar	消す	conocer	知る、知っている
apoyar	支える、もたせかける	construir	建設する、建てる
aprender	学ぶ、習う	contar	数える、語る
aprobar	承認する、合格する	contestar	～に答える、応える
arrancar	（車、機械が）発進する、動き出す	correr	走る、駆ける
asistir	出席する	cortar	切る
avisar	知らせる	costar	（金額、費用が）かかる
ayudar	手伝う、助ける	creer	信じる、思う
bailar	踊る	dar	与える、渡す
bañarse	入浴する、泳ぐ	deber	（～する）べきである
beber	飲む	debutar	デビューする
borrar	消す、消去する	decidir	決める、決断する
brindar	乾杯する	decir	言う
bucear	潜水する、もぐる	dedicarse	従事する
buscar	探す	dejar	置く、置いておく
cambiar	取り替える	desayunar	朝食をとる
cantar	歌う	descansar	休む、休息する
		desear	欲する、望む

despertarse	目を覚ます、目覚める	hablar	話す
doler	痛む、〜が痛い	hacer	する、作る
dormir	眠る、寝る	ingresar	（所定の手続きを経て）入る、入学する
ducharse	シャワーを浴びる	interesar	興味（関心）がある
empezar	始める、始まる	ir	行く、向かう
encantar	大好きである	irse	立ち去る、出かける
encontrar	見つける	jubilarse	退職する、引退する
enseñar	教える、見せる	jugar	遊ぶ、（スポーツ、ゲームを）プレーする
entender	理解する	lavar	洗う
entrar	入る	leer	読む
entregar	渡す、引き渡す	levantarse	起きる
enviar	送る、発送する	limpiar	きれい（清潔）にする
equivocarse	間違える、誤る	llamar	呼ぶ、電話をかける
escribir	書く	llamarse	〜という名前である
escuchar	聴く、傾聴する	llegar	着く、到着する
esperar	待つ	llevar	運ぶ、持っていく
esquiar	スキーをする	llover	雨が降る
estar	ある、いる	mandar	命じる、送る
estudiar	勉強する	marcar	〜に印をつける、（得点を）あげる
existir	存在する、いる	mejorarse	快方に向かう
explicar	説明する	mirar	（注意して）見る
firmar	署名する	montar	乗る
fumar	タバコを吸う、喫煙する	morir	死ぬ
funcionar	機能する、作動する、うまくいく	mudarse	引っ越す
ganar	（お金を）稼ぐ	nacer	生まれる
gastar	（お金を）費やす、かける	nadar	泳ぐ
gustar	〜が好きである、〜が気に入る	nevar	雪が降る

obedecer	従う、服従する	publicar	出版する、刊行する
oír	〜が聞こえる	querer	〜が欲しい
pagar	支払う	recibir	受け取る、受ける
parecer	〜のように見える	regalar	プレゼントする、贈る
participar	参加する	repetir	繰り返す
pasar	通る、起こる	revisar	見直す、点検する
pasear	散歩する	robar	盗む、奪い取る
patinar	スケートをする	saber	知っている、知る
pedir	求める、要求する	salir	出る、出ていく
pensar	考える	satisfacer	満足させる
perder	失う、負ける	seguir	後について行く、続ける
pintar	描く	sentarse	座る
poder	〜することができる、してもよい	sentir	感じる
poner	置く	ser	〜である
ponerse	着る、つける	servir	仕える、供する
practicar	実践する、練習する	sonar	鳴る
preferir	〜の方をより好む	soñar	夢を見る、夢想する
preguntar	質問する	sorprender	驚かせる
preocuparse	心配する	subir	登る、上がる
preparar	準備をする	temer	恐れる、怖がる
presentar	提示する、紹介する	tener	持っている、所有する
presentarse	自己紹介する	terminar	終える、終わる
prestar	貸す	tocar	触る、触れる、（楽器を）弾く
probar	証明する、試す	tomar	手に取る、食べる、飲む
producir	生産する、製造する	trabajar	働く
prometer	約束する	traer	持ってくる、連れてくる
proteger	保護する、守る	vender	売る

venir	来る
ver	見る、見える
viajar	旅行する、巡る
visitar	訪ねる
vivir	生きる、住む
volar	飛ぶ、飛行する
volver	戻る

人々

familia	家族
abuelo / abuela	祖父 / 祖母
bisabuelo / bisabuela	曾祖父 / 曾祖母
padre, papá	父、パパ
madre, mamá	母、ママ
hijo / hija	息子 / 娘
nieto / nieta	孫
marido	夫
mujer	女性、妻
hombre	男性、人間
primo / prima	いとこ
sobrino / sobrina	甥 / 姪
tío / tía	おじ / おば
amigo / amiga	友達
niño / niña	子ども、幼児
chico / chica	男の子 / 女の子
novio / novia	恋人
divorciado / divorciada	離婚者

viudo / viuda	配偶者を失った人
soltero / soltera	独身者
señor / señora	紳士 / ご婦人
gente	人々
pareja	ペア、パートナー
víctima	犠牲者、被害者

飲食関係

bebida	飲み物
agua (mineral, sin gas, con gas)	水（ミネラルウォーター、炭酸なし、炭酸あり）
café	コーヒー
cerveza	ビール
leche	ミルク
té	紅茶
tequila	テキーラ
vino	ワイン
zumo	ジュース
comida	食べ物、食事
desayuno	朝食
cena	夕食
menú	メニュー、献立
merienda	軽食、おやつ
carne	肉
pescado	（食品としての）魚
sopa	スープ
verdura	野菜
lechuga	レタス

patata	ジャガイモ
tomate	トマト
fruta	フルーツ
fresa	いちご
limón	レモン
manzana	りんご
naranja	オレンジ
plátano	バナナ
chocolate	チョコレート
churro	チュロス
cruasán	クロワッサン
galleta	ビスケット
helado	アイスクリーム
paella	パエリア
pastel	ケーキ、パイ
azúcar	砂糖
sal	塩

雑貨・学校

aula	教室
auriculares	イヤホン、ヘッドホン
bolígrafo	ボールペン
caja	箱
cámara	カメラ
carné	（身分などの）証明書
carta	手紙
club	クラブ、同好会

cosa	こと、事柄
cuaderno	ノート
curso	コース
deberes	宿題
diccionario	辞書
disco	レコード、ディスク
ejercicio	練習問題、運動
especialidad	専門分野、専攻
examen	試験、テスト
foto	写真
fotocopia	（フォト）コピー
goma	消しゴム、ゴム
lápiz	鉛筆
lección	課、レッスン
libro	本
llave	鍵
maleta	スーツケース
mapa	地図
móvil	携帯電話
muñeco	人形
nombre	名前
novela	小説
ordenador	コンピュータ
papel	紙
paquete	包み、パッケージ
pasaporte	パスポート
periódico	新聞

pizarra	黒板
postal	絵葉書
pregunta	質問
regalo	プレゼント
revista	雑誌
sello	切手
tarea	宿題、仕事
tarjeta	カード

学問

historia	歴史
literatura	文学
matemáticas	数学
medicina	医学
química	化学

国籍

nacionalidad	国籍
alemán / alemana	ドイツ語、ドイツ人 / ドイツ人女性
argentino / argentina	アルゼンチン人 / アルゼンチン人女性
chino / china	中国語、中国人 / 中国人女性
colombiano / colombiana	コロンビア人 / コロンビア人女性
español / española	スペイン語、スペイン人 / スペイン人女性
estadounidense	アメリカ合衆国民
francés / francesa	フランス語、フランス人 / フランス人女性
inglés / inglesa	英語、イギリス（イングランド）人 / イギリス人女性
japonés / japonesa	日本語、日本人 / 日本人女性

mexicano / mexicana	メキシコ人 / メキシコ人女性
peruano / peruana	ペルー人 / ペルー人女性
portugués / portuguesa	ポルトガル語、ポルトガル人 / ポルトガル人女性
ruso / rusa	ロシア語、ロシア人 / ロシア人女性

国

Japón	日本
China	中国
Corea	韓国
Alemania	ドイツ
España	スペイン
Francia	フランス
Inglaterra	イギリス、イングランド
Italia	イタリア
Portugal	ポルトガル
Argentina	アルゼンチン
Bolivia	ボリビア
Chile	チリ
Colombia	コロンビア
Costa Rica	コスタリカ
Cuba	キューバ
Ecuador	エクアドル
El Salvador	エルサルバドル
Estados Unidos	アメリカ合衆国
Guatemala	グアテマラ
Guinea Ecuatorial	赤道ギニア
Honduras	ホンジュラス

México	メキシコ		cama	ベッド
Nicaragua	ニカラグア		clase	授業、教室
Panamá	パナマ		cocina	台所、キッチン
Paraguay	パラグアイ		comedor	食堂、ダイニングルーム
Perú	ペルー		cuarto	部屋、室
Puerto Rico	プエルトリコ		domicilio	住居、住所
República Dominicana	ドミニカ共和国		dormitorio	寝室、ベッドルーム
Uruguay	ウルグアイ		entrada	入場、入り口、玄関
Venezuela	ベネズエラ		espejo	鏡
Europa	ヨーロッパ		estantería	棚、本棚
Sudamérica	南アメリカ、南米		garaje	ガレージ

食器

			habitación	部屋、室
copa	グラス、杯		horno	オーブン
cristal	ガラス、クリスタルガラス		jabón	石けん
cuchara	スプーン		jardín	庭、庭園
cuchillo	ナイフ		lámpara	電灯、スタンド
palillos	箸		lavabo	洗面台、洗面器
plato	皿		lavadora	洗濯機
tenedor	フォーク		mesa	机、テーブル
vaso	コップ		nevera	冷蔵庫

家・家具

			pared	壁
			pasillo	廊下
aire acondicionado	エアコン		puerta	ドア、門
armario	洋服だんす		radio	ラジオ
baño	入浴、浴室		reloj	時計
calefacción	暖房		sala	リビングルーム、居間
			salón	居間、客間

silla	椅子
sofá	ソファ
teléfono	電話
televisión (tele)	テレビ番組
televisor	テレビ（受像機）
terraza	ベランダ、バルコニー、屋上
ventana	窓

場所・建物

aeropuerto	空港
agencia	代理店
aparcamiento	駐車場、パーキング
apartamento	アパート
ascensor	エレベーター
avenida	大通り
ayuntamiento	市役所、市庁舎
banco	銀行、ベンチ
barrio	地区、区域
bar	バル
biblioteca	図書館
cafetería	喫茶店、カフェテリア
cajero automático	（銀行の）ATM
calle	通り、街路
campo	田舎、郊外、野原
canal	運河、水路
carretera	道路、街道
casa	家

catedral	カテドラル、大聖堂
centro comercial	ショッピングセンター
cine	映画、映画館
ciudad	都市、町
colegio	学校
discoteca	ディスコ、クラブ
edificio	建物、ビルディング
editorial	出版社
empresa	企業、会社
escalera	階段
escuela	学校
estación	駅、季節
farmacia	薬局
gimnasio	スポーツジム、体育館
hospital	病院
hotel	ホテル
iglesia	教会
instituto	研究所、協会
isla	島
librería	書店、本屋
mar	海
montaña	山
monumento	記念碑、モニュメント
museo	美術館、博物館
oficina	事務所、オフィス
parada de autobús	バス停
parque	公園

peluquería	美容院
piso	階、マンション
playa	浜辺、ビーチ
plaza	広場
policía	警察
pueblo	村、（田舎）町
puerto	港
quiosco	売店、キオスク
restaurante	レストラン
río	川、河
supermercado	スーパーマーケット
teatro	劇場
tienda	店、小売店
universidad	大学
zapatería	靴屋
panadería	パン屋
zoológico	動物園

位置

centro de	〜の中心に
cerca de	〜の近くに
detrás de	〜の後ろに
lejos de	〜の遠くに
a la derecha de	〜の右に
a la izquierda de	〜の左に
encima de	〜の上に
debajo de	〜の下に

al lado de	〜のそばに、隣に
dentro de	〜の中に
aquí	ここ（に）
ahí	そこ（に）
allí	あそこ（に）

交通関係

transporte	交通機関
a pie	徒歩で
autobús	バス
avión	飛行機
barco	船
bicicleta	自転車
billete	切符
coche	車、自動車
metro	地下鉄
moto	バイク
semáforo	信号機
taxi	タクシー
tren	電車

娯楽・アクティビティ

canción	歌
concierto	コンサート
excursión	小旅行、遠足、ピクニック
exposición	展示、展示会
fiesta	祭り、パーティー

obra	作品
ocio	余暇
película	映画、フィルム
música	音楽
viaje	旅行

身分・職業・仕事

alumno / alumna	生徒、学生
artista	芸術家、アーティスト
astronauta	宇宙飛行士
camarero / camarera	ウェイター / ウェイトレス
cantante	歌手
cocinero / cocinera	料理人、コック、料理をする人
compañero / compañera	仲間、クラスメイト
director / directora	長、理事、取締役
enfermero / enfermera	看護師
escritor / escritora	作家
estudiante	学生
futbolista	サッカー選手
ingeniero / ingeniera	エンジニア
jefe / jefa	上司、リーダー
jugador / jugadora	選手、プレーヤー
maestro / maestra	師匠、名人、（小学校の）先生
médico / médica	医者
musulmán / musulmana	イスラム教徒
periodista	ジャーナリスト
pianista	ピアニスト

policía	警察官
profesión	職業
profesor / profesora	教員、先生
rey / reina	王 / 女王、王妃
taxista	タクシー運転手
trabajo	仕事、労働
turista	観光客

身に着けるもの

abrigo	コート、オーバー
algodón	綿、コットン
anillo	指輪
bolso	カバン
botas	ブーツ
bufanda	マフラー
calcetines	靴下
camisa	シャツ
camiseta	Tシャツ
cartera	財布
chaqueta	ジャケット
collar	ネックレス
corbata	ネクタイ
falda	スカート
gafas	メガネ
gorro	縁なし帽、キャップ
jersey	セーター
mochila	リュック

pantalones	ズボン
ropa	服
sombrero	つばのある帽子
suéter	セーター
traje	スーツ
vaqueros	ジーンズ
vestido	ドレス、ワンピース
zapatos	靴

スポーツ関係

balón	ボール
baloncesto	バスケットボール
béisbol	野球
deporte	スポーツ
equipo	チーム
fútbol	サッカー
gol	ゴール
golf	ゴルフ
liga	リーグ
partido	試合
tenis	テニス
trofeo	トロフィー
voleibol	バレーボール
yoga	ヨガ

人体

barba	あごひげ

bigote	口ひげ
boca	口
cabeza	頭
cara	顔
corazón	心臓、ハート
cuerpo	身体
diente(s)	歯
estómago	胃
mano	手
muela(s)	奥歯
nariz	鼻
ojo(s)	目、眼
oreja(s)	耳
pie(s)	足
pierna(s)	脚

色

color	色
amarillo	黄色
azul	青
blanco	白
gris	グレー、灰色
negro	黒
rojo	赤
verde	緑

時

fecha	日付
tiempo	時間、時
ahora	今、現在
día	日、一日
semana	週
mes	月
año	年
hoy	今日
tarde	午後
noche	夜
madrugada	明け方、深夜
mediodía	正午
fin de semana	週末
temprano	早くに、朝早くに
mañana	明日、午前
pasado mañana	明後日
ayer	昨日
anoche	昨晩
anteayer	一昨日
la semana pasada	先週
el mes pasado	先月
el año pasado	昨年
antes	前に、以前に
entonces	そのとき、当時
de la mañana	午前の
de la tarde	午後の
de la noche	夜の

en punto	（時間が）ちょうど
y cuarto	（〜時）15分
y media	（〜時）半
menos cuarto	（〜時）45分
hora	時間、1時間
minuto	分
por la mañana	午前（に）
por la tarde	午後（に）
por la noche	夜（に）
ya	もう
todavía	まだ
ahora mismo	今すぐ
antes de	（〜の、〜する）前に
después de	（〜の、〜する）後に
momento	瞬間、一瞬

頻度

nunca	決して〜ない
a veces	時々
a menudo	しばしば
siempre	いつも
al día	一日につき
a la semana	週につき
al mes	月につき
al año	年につき

量

demasiado	過度の、あまりに多くの	conejo	うさぎ
mucho	たくさんの	cordero	子羊
suficiente	十分な	gato	ネコ
poco	ほんの少しの、ほとんど〜ない	insecto	昆虫
nada	何も〜ない、少しも〜ない	murciélago	コウモリ

自然

aire	空気
árbol	木
calor	熱、暑さ
cielo	空、天
despejado	晴れた
estrella	星
flor	花
girasol	ひまわり
lluvia	雨
nublado	曇った
sol	太陽
concha	貝殻
terremoto	地震
tierra	地球、陸
tifón	台風
viento	風

perro	犬
león	ライオン
oso	熊
toro	雄牛
vaca	雌牛
pájaro	鳥
pez	魚

生活

accidente	事故、不慮の出来事
acuerdo	合意、協定
asunto	こと、事柄
brujería	魔術、魔法
caso	出来事、事例
cita	（人と会う）約束、（医者などの）予約
compra	買い物、ショッピング
condición	条件
contrato	契約
conversación	会話
crédito	クレジット
cuenta	勘定、会計、計算
cuidado	注意、用心

生き物

animal	動物
búho	フクロウ

cultura	文化		sociable	社交的な
dato	資料、データ		tímido	内気な
desarrollo	発展、発達		trabajador	勤勉な
dinero	お金			
documento	書類			

特徴・状態

efectivo	現金
gasolina	ガソリン
habitante	住民
hambre	空腹
idea	考え、アイデア
informe	報告
internet	インターネット
ley	法、法律
lotería	宝くじ
noticia	知らせ、ニュース
paseo	散歩
ruido	騒音
vida	命、一生、生活
videojuego	テレビゲーム

alto	高い、背の高い
antiguo	古い、古代の
bajo	低い
barato	安い、安価な
bonito	きれいな、すてきな
bueno	良い
caliente	熱い、温かい
caro	高価な
corto	短い
delgado	やせた、細い
difícil	難しい
fácil	やさしい、簡単な
famoso	有名な、名高い
feo	醜い
frío	寒い、冷たい
gordo	太い、分厚い
grande	大きい
guapo	（人が）きれいな、美人の、ハンサムな
importante	重要な
infiel	不貞な、不実な
inocente	潔白な、無邪気な
interesante	おもしろい、興味を起こさせる

性格

alegre	陽気な、喜んで
amable	親切な、優しい
antipático	感じの悪い
inteligente	頭の良い
serio	まじめな
simpático	感じの良い

joven	若い		junto	一緒の
largo	長い		libre	自由な、空いた
limpio	きれいな、清潔な		local	地方の、地元の
malo	悪い、邪悪な		necesario	必要な
moreno	（髪が）褐色の、（肌が）浅黒い		ocupado	忙しい、使用中の
nuevo	新しい		oportuno	適切な
pequeño	小さい		perfecto	完璧な
rubio	金髪の		popular	人気の、大衆の
sucio	汚れた		posible	可能な
tranquilo	穏やかな、落ち着いた		rápido	速い、迅速な
viejo	年を取った、古い		resfriado	風邪をひいた
			roto	壊れた、割れた

その他の形容詞

			seguro	確かな、確実な
abierto	開いた		solo	唯一の、ひとりの
borracho	酔っぱらった		único	唯一の、ただひとつの、ただひとりの
cansado	疲れた			
cierto	確かな			

その他の副詞

			apasionadamente	熱心に、情熱的に
contento	喜んでいる、うれしい		bien	よく、上手に、元気で
divertido	楽しい		despacio	ゆっくりと
enamorado	恋をしている		inmediatamente	ただちに
evidente	明らかな		mal	悪く、まずく
extranjero	外国の、外国人の		mutuamente	お互いに
fresco	涼しい、新鮮な		normalmente	通常は
histórico	歴史の		oficialmente	公式に、正式に
igual	〜と等しい		posiblemente	おそらく、多分
imposible	不可能な		pronto	すぐに
inmortal	永久の、不滅の			

tranquilamente	穏やかに、落ち着いて

その他

amor	愛
artículo	記事
aunque	〜ではあるが
esquina	角
faz	表情、表面
fila	列
fin	終わり
futuro	未来
idioma	言語
manera	仕方、方法
mensaje	メッセージ
miedo	恐れ、不安
mientras	（〜する）最中ずっと、間
monstruo	怪物
mundo	世界
Navidad	クリスマス
negocio	ビジネス、取引
oro	金
paz	平和
permiso	許可
persona	人間、人物
plástico	プラスチック
pregunta	質問
premio	賞

prisa	急ぎ、緊急
problema	問題、課題
pronóstico	予測、予想
próximo	次の
proyecto	計画、企画
razón	理性、理由
recepción	受け取り、（ホテルの）フロント
reserva	予約
sed	（のど、口の）渇き
seda	絹、シルク
seguidor	フォロワー
sueño	夢、眠気
suerte	運命、運、幸運
verdad	真実、事実
vez	回、度

序数

primero / primera	第 1 の
segundo / segunda	第 2 の
tercero / tercera	第 3 の
cuarto / cuarta	第 4 の
quinto / quinta	第 5 の
sexto / sexta	第 6 の
septimo / septima	第 7 の
octavo / octava	第 8 の
noveno / novena	第 9 の
décimo / décima	第 10 の

［図版出典］
p.30, p.42　大髙保二郎ほか『スペイン美術史入門——積層する美と歴史の物語』NHK 出版、2018 年
p.22　imagestockdesign / Shutterstock.com
※記載のないものは Shutterstock.com

［装丁・本文レイアウト］石井裕子

くろねこと一緒にスペイン語文法

検印省略	Ⓒ 2024 年 1 月 30 日　初版発行
著　者	豊　田　　　唯
	西　村　亜希子
発行者	小　川　洋一郎
発行所	株式会社　朝 日 出 版 社

101-0065　東京都千代田区西神田 3-3-5
電話直通　(03)3239-0271/72
振替口座　00140-2-46008
https://www.asahipress.com/

| 組　版 | 有限会社ファースト |
| 印　刷 | 信毎書籍印刷株式会社 |

乱丁、落丁本はお取り替えいたします。
ISBN978-4-255-55150-0　C1087